GEORGE ADAMS

Das Rosenkreuzertum als Mysterium der Trinität

GEORGE ADAMS

Das Rosenkreuzertum als Mysterium der Trinität

VERLAG FREIES GEISTESLEBEN

Die Deutsche Bibliothek – CIP-Einheitsaufnahme
Adams, George:
Das Rosenkreuzertum als Mysterium der Trinität/
George Adams. [Übers. aus dem Engl. von
Thomas Meyer]. – 2. Aufl. Stuttgart:
Verlag Freies Geistesleben, 1994.

Orig.-Ausgabe gesondert u.d.T.: Adams, George:
The mysteries of the rose-cross u.: Adams, George:
Christ in the power of memory and the power of love

ISBN 3-7725-1498-7

NE : GT

2. Auflage 1994
Übersetzung aus dem Englischen von Thomas Meyer

Druck: Druckerei Gutmann, Talheim

Inhalt

Zur Einführung

Es ist ein auffallendes Phänomen unserer Zeit, daß immer mehr junge Menschen den Zugang zu Rudolf Steiners Schriften suchen und dabei in verstärktem Maße auch auf die Arbeiten von Schülern und Zeitgenossen aufmerksam werden. So erscheinen jetzt wieder zahlreiche Schriften von Pionieren der anthroposophischen Bewegung wie auch umfassende Darstellungen der Anfangszeiten der Geisteswissenschaft.

Charakteristisch für das Leben und die Arbeit von George Adams ist, daß seine Schicksalsimpulse mit mehreren Völkerschaften und Nationen auf das engste verbunden sind. So war er vor allem beheimatet in Geist und Sprache des englischen wie auch des deutschen Volkstums – eine bemerkenswerte Schicksalssignatur, wenn man bedenkt, daß Rudolf Steiner das moderne Zeitalter der Bewußtseinsseele auch als angelsächsisch-germanisches Zeitalter bezeichnet hat.

George Adams hat niemals nur als Gelehrter gewirkt, sondern immer auch als ein Mensch, der durchdrungen war von Liebe zu allen Wesen. Was ihn zum Wissenschaftler und Mathematiker machte, war diese Liebe zu allen Erscheinungen; und er war brennend interessiert an den sozialen Fragen seiner Zeit.

Ein Leitmotiv seines Lebens und Strebens waren die universellen Gesetze der Dreiheit und der Polarität. Man kann erleben, daß der Mensch in physischer, seelischer und geistiger Beziehung auf mannigfaltigste Art in Polaritäten darinnensteht. Es handelt sich hier aber vor allem darum, die wahre Gesetzmäßigkeit der Polarität zu verstehen, und diese hängt mit dem Gesetz der Dreiheit zusammen.

Wird die Dreiheit wirklich erkannt, so erscheint sie nicht als ein willkürlicher Zusammenhang von Einzelheiten oder Gegensätzen; ihr wahres Wesen zeigt sich vielmehr in einem großartigen Miteinanderweben und Miteinanderschaffen von Polaritäten, wie sie zum Beispiel bestehen zwischen Irdischem und Sonnenhaftem, zwischen Männlichem und Weiblichem, die zusammen immer eine Ganzheit bilden.

Im Hinblick auf dieses Leitmotiv von George Adams' Erkenntnisstreben ist es wohl gerechtfertigt, die beiden folgenden, zu verschiedenen Zeiten entstandenen Arbeiten in einem Bande zu veröffentlichen. Während der erste Aufsatz über den okkulten Ursprung des Rosenkreuzertums hauptsächlich von der Idee der Dreiheit, der Dreieinigkeit bestimmt ist, liegt der Akzent bei der zweiten Arbeit mehr auf der Darstellung und Erhellung von Polaritäten, die die gesamte Evolution der Menschheit prägten und prägen.

Olive Whicher, Thomas Meyer

Vom Ursprung des Rosenkreuzertums.
Zur geistigen Führung Europas[1]

Vorbemerkung

Zahlreiche Menschen, die heute in der westlichen Welt nach neuen Erkenntnis- und Lebensimpulsen suchen, welche den modernen Zeitforderungen gerecht werden, kommen früher oder später mit der spirituellen Strömung des Rosenkreuzertums in Berührung. Denn der Erkenntnisweg des Rosenkreuzertums steht tatsächlich im Einklang mit den Anforderungen, die das technisch-zivilisierte Zeitalter an jeden modernen Menschen stellt. Wer mit dem Werke Rudolf Steiners bekannt ist, wird wissen, daß er sich selbst stets als einen Repräsentanten dieser Geistesströmung verstanden hat. Allerdings hat er niemals in einer nur äußerlichen Weise an diese Strömung angeknüpft, sondern sie aufgrund selbständig erworbener übersinnlicher Erkenntnisse vertiefen und erweitern können. Den spezifisch rosenkreuzerischen Erkenntnisweg hat Rudolf Steiner wiederholt als die westliche Entsprechung zum Yoga-Weg des Ostens bezeichnet.

Grundlage für die folgenden Ausführungen sind seine Mitteilungen über die verborgene *spirituelle Geschichte* des Rosenkreuzertums und dessen Verhältnis zu den großen Menschheitsreligionen. Vorausgesetzt wird eine gewisse Vertrautheit mit seinen Schriften: Im engeren Sinne kommen vor allem «Die Geheimwissenschaft im Umriß» sowie der Zyklus «Die Theosophie des Rosenkreuzers» in Betracht, im weiteren Sinne die Darstellungen über die beiden Widersacher Luzifer und Ahriman oder Satan, zwischen welchen der von der Christus-Kraft erfüllte Mensch seinen Weg finden muß.

Was seine Wurzeln im Geistigen hat, kann nur auf rein geistige Art gefunden werden. Das gilt auch für die tieferen Impulse der gesamten Rosenkreuzerschule. In welcher Gestalt diese Impulse von Zeit zu Zeit auch in Erscheinung treten mögen, ihr wahres Wesen bleibt ewig verborgen und beschützt, den Blicken all derer entzogen, die sie nicht auf rein geistige Weise suchen wollen – und das ist eine Frage, die nichts mit äußerlichen Benennungen oder Schlagworten zu tun hat.

Das Universum, in dem wir leben, ist auf der Dreizahl aufgebaut. Zu allen Zeiten standen die Menschen, die einen Einweihungsweg beschritten, mit Staunen vor dieser Tatsache. So können wir verstehen, daß die Zahl

Drei in den Erkenntnisformen jedes Zeitalters wieder erscheint. Wir finden sie in den ältesten heiligen Überlieferungen prähistorischer Zeiten, in der Mythologie wie in der Folklore. In der klassischen und mittelalterlichen Epoche des menschlichen Denkens lebte sie in der Philosophie, der Theologie und der Ethik fort; und in den mathematischen und empirischen Wissenschaften der Neuzeit spielt sie noch immer ihre Rolle.[2]

So finden wir die Zahl Drei in den Achsen des Raumes, in den Naturreichen und in den menschlichen Seelenkräften – dem Denken, Fühlen und Wollen. Sogar der abstrakte und wertneutrale Nominalismus der modernen Wissenschaft ist nicht imstande, die Drei abzuschaffen, weder in der mathematischen Physik noch in der Biologie oder der Wissenschaft von der Seele. Zwar gibt es Theorien, die in dieser Richtung zu tendieren scheinen; sie versuchen, die offensichtlichen Unterteilungen der mineralischen, pflanzlichen und tierischen Natur zu verwischen, oder sie lassen die Dreidimensionalität des Raumes in einem vierdimensionalen «Raum-Zeit-Kontinuum» ertrinken. Doch völlig vergeblich. Gerade im Kontrast mit solchen kurzlebigen theoretischen Tendenzen erlangt diese fundamentale Tatsache, die jedem gesunden Menschenverstand – auch demjenigen der Wissenschaftler – einleuchtet, ein um so größeres Gewicht.

Der Mensch lebt in dieser dreigegliederten Welt und steht ihr mit seiner Erkenntnistätigkeit gegenüber. Und es ist grundlegend für sein gesundes Bewußtsein, daß er sich selbst als Einheit erfaßt. Er nennt diese Einheit «Ich». «Ich» ist das Zeichen von Individualität. Im Englischen ist sogar die Schreibweise dieses Namens ein Ausdruck der Eins («I»). «Ich» ist die Individualität des eigenen Menschenwesens. Falls es, wie im Fall einer Persönlichkeitsspaltung, verletzt wird, muß der Mensch das als Krankheit betrachten.

Die Eins im «Ich» des Menschen ist der Vielfältigkeit der Welt gegenübergestellt. Diese Vielfalt hat ein doppeltes Gesicht. Die unbestimmte, willkürliche Vielfältigkeit, die Zahllosigkeit der Dinge, dies ist ein ahrimanisches Geheimnis. Daneben stehen in der Welt der Ordnung – im göttlichen Weltenbau – die bestimmten Zahlen: die Zwölf, die Zehn, die Fünf, die Sieben, die Neun und schließlich die Drei, welche am fundamentalsten ist.

Die Geheimwissenschaft vermag das Geheimnis dieser verborgenen Dreifaltigkeit der Dinge aufzuschließen. Dem von uns bewohnten Universum liegt eine verborgene Trinität der göttlich-geistigen Schöpfung zugrunde. Der Entstehung des gegenwärtigen Universums, dem auch die Erde angehört, gingen drei Ur-Welten voran. Eine nach der anderen wurden sie als äußere Manifestationen geschaffen und wieder in das ewige «Gottes-Nichts» aufgelöst. Die erste wird von der Geheimwissenschaft «Saturn» genannt, die zweite «Sonne» und die dritte «Mond». Diese Namen wurden nicht ohne Grund gewählt, doch die Ur-Welten, auf die sie sich beziehen, dürfen auf keinen Fall mit den heutigen gleichnamigen Himmelskörpern verwechselt werden. Die gegenwärtige vierte Welt wird von der Geheimwissenschaft «Erde» genannt.

In allem, was unser Auge im Himmel oder auf Erden betrachtet – selbst im kleinsten und unbedeutendsten Gegenstand –, sind die Geheimnisse der drei vorangegangenen Welten, d.h. der kosmischen Entwicklungsstufen von Saturn, Sonne und Mond enthalten. Dem Anfang der Welt der Form, in der der Mensch lebt, ging die heilige Trinität der göttlich-geistigen Schöpfung voran.

Die «göttliche Weisheit» oder «Theosophie» des alten Orients erkannte diese heilige Trinität, die im Urbeginne war, und schaute die Vielfalt der Götter und Halbgötter, die in ihrem tiefsten Wesen allesamt mit der Drei zusammenhängen. Dann lernte der Mensch im Fortschreiten der Geschichte mehr und mehr seine eigene Individualität zu erfassen: das *Ich-Bin*. Der Monotheismus wurde die Religion der alten Juden. Wir haben den welthistorischen Gegensatz der Jehova-Religion und der heidnischen Religionen des Altertums vor uns. Letztere blickten zum göttlich-geistigen Hintergrund des Erdendaseins auf – zur verborgenen Trinität, die ihm vorausging. Allem Polytheismus in seiner reinen und ursprünglichen Form liegt die Erkenntnis der Drei zugrunde. Andererseits war die mosaische Religion die Erziehung der alten Juden zum Schauen der Eins – zur Verehrung des göttlichen ICH-BIN. Dadurch wurde das reine Bewußtsein des «Ich» im Menschen vorbereitet und gefestigt. Die Genesis-Kosmologie bezieht sich nicht auf Saturn, Sonne und Mond, sondern auf den Anfang des gegenwärtigen Erden-Daseins.

Das Christentum ist eine Synthese der beiden genannten Religions-Prinzipien, und diese Tatsache kommt im Dogma der heiligen Dreifaltigkeit, d.h. der «Drei in der Eins» und der «Eins in der Drei» zum Ausdruck Wie allgemein bekannt ist, hat das Christentum historisch und kulturell gesehen einen doppelten Hintergrund – das Judentum und das Griechentum. Das alte Griechenland war die letzte Stätte, auf dem die alten heidnischen Mysterien zusammenkamen. Der Schauplatz, auf dem sich die erste historische Phase des Christentums abspielt, ist Europa. Deshalb hängen die geistigen, die sozialen, ja sogar die materiellen Schicksale Europas letztlich von einer Erkenntnis der Drei und der Eins ab. Obwohl die starren christlichen Dogmen diese Tatsache also in gewissem Sinne zum Ausdruck bringen, wird sie vom orthodoxen Christentum nur zu leicht mißverstanden, falsch ausgelegt oder gar völlig verworfen. Doch in einem tieferen Sinne lebt sie im esoterischen Christentum fort, in welchem die wahre geistige Führung der europäischen Geschichte enthalten ist. Das esoterische Christentum ist naturgemäß undogmatisch; es verlangt nicht, daß ein Glaubensbekenntnis angenommen wird, sondern bildet seine Schüler mit dem freiströmenden Licht der Erkenntnis.

Der bisher tiefste Ausdruck des esoterischen Christentums ist in den Mysterien des Rosenkreuzes zu finden. Das Symbol des Rosenkreuzes enthält zahllose Geheimnisse, kosmische und menschliche, geistige und moralische, historische und sogar geographische Geheimnisse. Die altehrwürdige Tradition bringt die Rose mit Persien in Zusammenhang, während das Kreuz das exoterische Symbol des Christentums ist. Ihre Vereinigung bringt die eigentlichen Schicksale der europäischen Menschheit zum Ausdruck.

1.
Manes: Die Begründung der Rosenkreuzer-Schule

Für die äußere Geschichte geht die Entstehung des Rosenkreuzertums auf den Anfang des 17. Jahrhunderts zurück, als Johann Valentin Andreae seine «Chymische Hochzeit des Christian Rosenkreutz, Anno 1459» und andere bekannte Schriften veröffentlichte. Nur der Hellseher kann die geistige Geschichte des Rosenkreuzertums weiter zurückverfolgen. Daher ist diese – wie viele wichtige Dinge in der Welt-Geschichte – für die äußere Gelehrsamkeit ein Mythos.

Als verborgene Bruderschaft lebten und wirkten die Rosenkreuzer in Europa seit der Zeit des 14. Jahrhunderts. Wie Rudolf Steiner sagt, waren sie im allgemeinen einfache, bescheidene Menschen, die ihren äußeren Verpflichtungen nachkamen und gleichzeitig eine innere Seelenhaltung kultivierten, die es ihnen ermöglichte, die Inspirationen der höheren Welten zu empfangen. Vom Schicksal geführt, kamen ihre Schüler zu ihnen, und diese erkannten während des Gesprächs im reinen Licht der Augen, daß sie ihren Lehrer gefunden hatten.

Auf Erden entstand das Rosenkreuzertum als geheime Brüderschaft im 14. Jahrhundert, doch die geistige Vorbereitung für ihre Arbeit geht auf ein noch verborgeneres Ereignis zurück, welches tausend Jahre früher stattgefunden hatte. Im Schlußkapitel von «Der Orient im Lichte des Okzidents» beschreibt Rudolf Steiner dieses Ereignis als eine «der größten Versammlungen, die in der zur Erde gehörigen spirituellen Welt überhaupt stattgefunden haben».[3] Es war im 4. nachchristlichen Jahrhundert. Drei der größten Eingeweihten der Menschheit, die auf der Erde verkörpert waren – einer von ihnen erschien allerdings nur in einem «physischen Abglanz»[3] –, wurden von einem vierten, der sogar noch größer als die drei war, zusammengerufen. Es handelt sich um *Zarathustra, Gautama Buddha* und *Skythianos.*[4]

«Wir sprechen drei wichtige geistige Wesenheiten und Individualitäten an, wenn wir die Namen Zarathustra, Gautama Buddha und Skythianos aussprechen ... Es wird nun eine vierte Individualität in der Geschichte genannt, hinter der sich für viele etwas verbirgt, das noch höher, noch gewaltiger ist als die drei genannten Wesenheiten, als Skythianos, als Buddha und als Zarathustra. Es ist *Manes*, der wie ein hoher Sendbote des Christus genannt wird von vielen, die mehr im Manichäismus sehen, als gewöhnlich gesehen wird. Manes, so sagen viele, versammelte nun wenige Jahrhunderte, nachdem Christus auf der Erde gelebt hatte, in einer der größten Versammlungen, die in der zur Erde gehörigen spirituellen Welt überhaupt stattgefunden haben, drei wichtige Persönlichkeiten des 4. Jahrhunderts der nachchristlichen Zeit um sich. In dieser bildhaften Schilderung soll eine wichtige spirituelle Kulturtatsache ausgedrückt werden. Manes versammelte diese Persönlichkeiten aus dem Grunde, um mit ihnen zu beraten, wie allmählich jene Weisheit, die gelebt hat durch die Zeitwende in der nachatlantischen Zeit, wiederum aufleben kann in die Zukunft hinein immer weiter und weiter, immer glorreicher und glorreicher. Welche Persönlichkeiten versammelte Manes in jener denkwürdigen Versammlung, die nur zu erreichen ist durch spirituelles Schauen? Die eine ist jene Persönlichkeit, in welcher in der damaligen Zeit Skythianos lebte, der wiederverkörperte Skythianos der Manes-Zeit. Die zweite Persönlichkeit ist ein physischer Abglanz des damals wiedererschienenen Buddha, und die dritte ist der damals wiederverkörperte Zarathustra. So haben wir ein Kollegium um Manes herum, Manes in der Mitte, um ihn herum Skythianos, Buddha und Zarathustra. Damals wurde in diesem Kollegium festgestellt der Plan, wie alle Weisheit der

Bodhisattvas der nachatlantischen Zeit immer stärker und stärker hineinfließen kann in die Zukunft der Menschheit. Und was damals als der Plan zukünftiger Erdenkulturentwickelung beschlossen worden ist, das wurde bewahrt und dann herübergetragen in jene europäischen Mysterien, welche die *Mysterien des Rosenkreuzes* sind. In den Mysterien des Rosenkreuzes verkehrten immer die Individualitäten des Skythianos, des Buddha, des Zarathustra. Sie waren in den Schulen des Rosenkreuzes die Lehrer; Lehrer, die ihre Weisheit deshalb der Erde als Gaben schickten, weil durch diese Weisheit der Christus in seiner Wesenheit begriffen werden sollte. Daher ist es in aller Geistesschulung des Rosenkreuzes so, daß man hinaufblickt mit tiefster Verehrung zu jenen alten Eingeweihten, die die uralte Weisheit der Atlantis bewahrten.»[3]

Im folgenden wird der Versuch gemacht, im Lichte von vielen anderen Angaben, die Rudolf Steiner in seiner Geisteswissenschaft gegeben hat, zu einem umfassenderen Verständnis dieser wichtigen Stelle zu kommen.

Wir werden schon in der zitierten Aussage sogleich das Prinzip der Eins und der Drei erkennen. Den drei um ihn versammelten Eingeweihten steht Manes gegenüber. Jene repräsentieren, wie wir sehen werden, die Geheimnisse des dreigegliederten Menschen-Wesens, während Manes das tiefste aller Geheimnisse, nämlich dasjenige des menschlichen Ich oder Selbst in seinen Schicksalen auf der Erde, darstellt. Äußerlich ist nur wenig bekannt vom wahren Wesen der manichäischen Strömung. Sie hängt mit dem Mysterium von Gut und Böse zusammen, und ihr hohes Ziel liegt nicht bloß in der Beherrschung, sondern in der Verwandlung des Bösen in das Gute. Dies ist das Wesen der «weißen Magie», welche die Kraft der menschlichen Liebe schließlich in einem uns heute unfaßbaren Maße erhöhen wird. Der wahre Manichäismus ist bis jetzt ein verborgener Strom; seine tieferen Geheimnisse können in unserem Zeitalter nicht einmal ausgesprochen werden. Gesamthaft betrachtet, ist er ein größerer und umfassenderer Strom als der rosenkreuzerische, in den dieser allerdings eingebettet ist.

Die Verbindung von Manes mit den Geheimnissen des menschlichen Ich ist für die Geisteswissenschaft etwas Offenbares. Denn in der direkten Begegnung mit dem Bösen kommt das menschliche Ich zu sich selbst. Rudolf Steiner hat davon in seinen tiefgehenden Ausführungen über das «Vaterunser» gesprochen und die darin enthaltenen einzelnen Fürbitten mit den verschiedenen Gliedern des Menschenwesens in Zusammenhang gebracht. «Erlöse uns von dem Bösen» ist die Bitte des menschlichen Ich, welches in die Bereiche der

Materie hinabgestiegen ist, in denen das Böse herrscht. Durch diesen Abstieg vollzog sich die Trennung des Menschen von seinem göttlichen Ursprung. «Es gibt eine Grundmöglichkeit zu sündigen, die herbeigeführt wird dadurch, daß der Mensch überhaupt zur Selbständigkeit gekommen ist. Der Mensch mußte ja, um allmählich in bewußter Weise zur Freiheit und Selbständigkeit aufzusteigen, durch Selbstsucht und Egoismus durchgehen. Diese Selbständigkeit, zu der der Mensch sich entwickeln muß und die erst ihre volle Bedeutung dann haben wird, wenn die Grundeigenschaft der Selbständigkeit die Selbstlosigkeit ist, würde niemals haben entstehen können, wenn sie nicht ausgegangen wäre von der Selbstsucht.»[5]

2.
Das 4. nachchristliche Jahrhundert

Bevor wir zur Betrachtung der Bedeutung der anderen drei Eingeweihten übergehen, die, wie Rudolf Steiner sagt, die verborgenen Lehrer in allen Rosenkreuzer-Schulen sind, wollen wir einen Moment innehalten, um uns zu fragen, was das 4. Jahrhundert, als die Zeit, in der die große Versammlung von Manes und den anderen Drei stattfand, für eine Bedeutung hat. Warum das 4. Jahrhundert?

Auch das hängt mit der geistigen Geschichte der Menschheit zusammen. Das Mysterium von Golgatha mußte in einem Zeitpunkt eintreten, als sich das menschliche Verständnis für die kosmischen Geheimnisse seiner niedrigsten Ebene näherte. Als das Wort Fleisch wurde und unter uns wohnte, war der Brennpunkt der moralischen und geistigen Interessen des Menschen auf die Erde gerichtet. «Nun mußte der Menschheit Zeit gelassen werden», sagt Rudolf Steiner im oben zitierten Vortrags-Zyklus, «die Ankunft des

Christus zu erleben... Nun mußte Zeit gelassen werden der Menschheit, den Christus zu empfangen. Das geschah in der Zeit, in der das Verständnis für solche Dinge das denkbar geringste war. Aber vorgesorgt werden mußte dafür, daß das Verständnis, daß die Weisheit immer größer und größer wieder wurde; und dafür hat auch der Christus auf der Erde vorgesorgt.»[6]

Dennoch war der Zeitpunkt seiner Ankunft noch nicht die Zeit der größten geistigen Finsternis. In der alten «Gnosis» waren noch immer Überreste der Mysterien-Weisheit erhalten, so daß die frühen Christen noch einen gewissen Anknüpfungspunkt hatten zum Erfassen dieses größten aller Mysterien. Doch im 4. Jahrhundert – der Zeit Konstantins und Julians – verlor sich das Wissen der Gnosis. Julians geheimnisvoller und fataler Tod auf einer Expedition nach Persien im Jahre 363 n. Chr. ist ein bedeutsames historisches Symptom. Julian machte die letzten heroischen Anstrengungen, die alten Mysterien zu retten und sie ohne Verlust der Kontinuität in das neue Zeitalter herüberzutragen. Er kannte das dreifache Sonnen-Mysterium, die kosmisch-geistige Tatsache, die dem Herabsteigen des Christus zur Erde zugrundeliegt.[7] Zum Christentum, wie es von den damaligen zeitgenössischen Christen repräsentiert wurde, konnte er keinen Zugang finden. Hätte er in den fernen

Bereichen der zoroastrischen Tradition das wahre manichäische Christentum entdeckt, so wäre er in jener Inkarnation vielleicht ein Christ geworden; doch es sollte nicht so kommen.

Julian Apostata gehörte zu den letzten, die das dreifache Sonnen-Mysterium – das Erbstück der alten Weisheit der ersten nachatlantischen Epochen – noch in seiner ganzen Größe kannten.

Das Jahr 333 nach Christus markiert genau die Mitte der vierten Kultur-Epoche und damit auch der sieben Epochen insgesamt. Dies war der Zeitpunkt, als sich die letzten alten Mysterien verloren. Julians Nachfolger rotteten rücksichtslos alles aus, was von der gnostischen Weisheit noch übrig geblieben war. Von nun an wurden die Geheimnisse des Gral – des mit den alten Mysterien vereinten Christentums – nicht mehr von Menschen auf der Erde gehütet, sondern bis zum Anbruch des neuen Zeitalters von geistigen Wesenheiten in den höheren Welten. Zu Beginn dieser finsteren Übergangszeit sammelte Manes, der «hohe Sendbote des Christus»,[3] die drei Eingeweihten um sich, um die Geheimnisse der Drei in der Eins vorzubereiten; um sie in diejenige Form zu bringen, in der diese Geheimnisse in Europa nach tausend Jahren hervortreten sollten, zunächst in den Geheimschulen des Rosenkreuzes, in unserer eigenen Zeit dann in offenerer Weise. Denn seit dem letzten Drittel des 19. Jahrhunderts kann das esoterische Wissen der ganzen Menschheit gegeben werden; der Heilige Gral kann wiederum den Händen der Menschen anvertraut werden.[8]

3.
Der äußere und der innere Weg der Einweihung

Zu allen Zeiten hat es zwei große Wege zur Erkenntnis der geistigen Welt gegeben. Sie können der innere und der äußere Weg genannt werden. Auf diesen beiden Wegen errang der Mensch, der sich einweihen ließ, den Sieg über die beiden Widersacher, Luzifer und Ahriman. Die göttlichen Wesen, die Schöpfungsmächte, haben ihre Substanz einerseits in die Naturreiche, in das äußere Universum ausgegossen, in dem auch die physische, ätherische und astrale dreifache Leibesnatur des Menschen enthalten ist. Doch sie haben zugleich auch der menschlichen Seele etwas von ihrem eigenen Wesen gegeben. Wenn der Mensch nach innen schaut, findet er unsagbare Tiefen, unauslotbare Tiefen von göttlich-geistigem Inhalt, die in den geheimen Winkeln der menschlichen Seele verborgen sind. Und genauso, wie wir das Prinzip der heiligen Drei in der äußeren Schöpfung antreffen, finden wir es auch, wenn wir nach innen blicken. Das menschliche Ich lebt und bewegt sich im Bereich eines dreifachen Seelen-Wesens – gleichsam der drei Grazien, drei göttlich-gegebenen Prinzipien, deren Ursprung in den höheren Wesenheiten urständet und die sich der Mensch im langen Verlauf der Erdengeschichte zu eigen machen muß. Rudolf Steiner nennt sie die Empfindungsseele, die Verstandesseele und die Bewußtseinsseele. Das dreifache Wesen der Seele ist in den vier «Mysteriendramen» in den Figuren der Philia, der Astrid und der Luna auf imaginative Weise dargestellt.

In der «Geheimwissenschaft im Umriß»[9] werden die zwei Arten von Mysterien, der äußere und der innere Weg, folgendermaßen beschrieben. Den Eingeweihten der einen Strömung enthüllten sich «die schöpferischen Mächte derjenigen Kräfte, die in dem Natürlichen wirken, das unter dem Menschen steht. Was von Saturn, Sonne und dem alten Monde her fortgewirkt hat und des Menschen physischen Leib, seinen Lebensleib, seinen astralischen Leib gebildet hatte, sowie das mineralische, das pflanzliche, das tierische Reich, das bildete den Inhalt der einen Art von Mysterien-Geheimnissen. Es waren diejenigen, über welche Ahriman die Hand hielt. Was zur Empfindungsseele, zur Verstandesseele, zur Bewußtseinsseele geführt hatte, das wurde in einer zweiten Art von Mysterien-Geheimnissen offenbart», nämlich jenen des inneren Weges, die dem Menschen infolge des luziferischen Einflusses verhüllt waren.

Die beiden Einweihungswege führten schließlich zu ein und demselben Ziel. In der Mission des Christus werden sie von Grund auf miteinander vereinigt; doch innerhalb der weisen Weltenführung tendieren die aufeinanderfolgenden Zeitalter und Zivilisationen bald mehr zur einen, bald mehr zur anderen Seite. So war die erste nachatlantische Kultur mehr mit dem inneren Weg verbunden; und *Buddha*, der sich – wenn auch erst sechstausend Jahre später – in derselben Erdengegend verkörperte, war ebenfalls ein Eingeweihter des inneren Weges. Andererseits war die zweite nachatlantische Zivilisations-Epoche, die zoroastrische Kultur des alten Persien, weitgehend vom Bestreben bestimmt, mit geistigen Mitteln von der äußeren Welt Besitz zu ergreifen. *Zarathustra* oder Zoroaster ist der repräsentative Eingeweihte des äußeren, makrokosmischen Weges. In der dritten Kulturepoche gab es zwei große Zentren, ein ägyptisches und ein chaldäisches, wobei die chaldäischen Mysterien mehr mit dem äußeren Makrokosmos und die ägyptischen mehr mit den menschlichen Seelenwegen selbst und mit ihrem Verhältnis zum Leib zusammenhingen.

Für ein Verständnis der europäischen Geschichte und der Mission unserer eigenen Zeit und Kultur ist es von grundlegender Bedeutung, zu erkennen, daß die geistige Schulung und das geistige Schicksal der europäischen Völker von der Atlantis an hauptsächlich von den makrokosmischen Mysterien bestimmt waren, wodurch diese Völker auf jene geistige Inbesitznahme der äußeren Welt – der wahre Impuls unserer Zeit – vorbereitet wurden. Wie Rudolf Steiner in seiner «Geheimwissenschaft»[9] sagt, «bildete sich in diesen Mysterien» – den Mysterien des alten Europa – «vorwiegend ein solches Geheimnis der Einweihung aus, welches zur Offenbarung derjenigen Geisteswelt führt, die Ahriman verschlossen hält. Die hinter den Naturgewalten stehenden Geistesmächte wurden da erschlossen.»

Dementsprechend wird in den *rosenkreuzerischen Mysterien*, die in urferner Vergangenheit von den geistigen Führern der Menschheit zur Entwicklung der heutigen europäischen Kultur vorbereitet wurden, vor allem, wenn auch nicht ausschließlich, der äußere oder makrokosmische Weg gepflegt. Rudolf Steiner erklärt die Bedeutung des rosenkreuzerischen Ausdrucks «Chymische Hochzeit» (im Gegensatz zur «Mystischen Hochzeit») bei Johann Valentin Andreae folgendermaßen: «Die Forschungswege des Mystikers und des Alchymisten liegen nach entgegengesetzten Richtungen. Der Mystiker geht unmittelbar in das eigene Geistwesen des Menschen hinein. Sein Ziel ist, was die ‹Mystische Hochzeit› genannt werden kann, die Vereinigung der bewußten Seele mit der eigenen geistigen

Wesenheit. Der Alchymist will das Geistgebiet der Natur durchwandeln, um nach der erfolgten Wanderung mit den in diesem Gebiet erworbenen Erkenntniskräften das Geistwesen des Menschen zu schauen. Sein Ziel ist die ‹Chymische Hochzeit›, die Vereinigung mit dem Geistgebiet der Natur. Nach dieser Vereinigung erst will er die Anschauung der Menschenwesenheit erleben.»[10]

Die Begründung der europäischen Kultur auf den *Mysterien der äußeren Natur* tritt noch deutlicher in Erscheinung, wenn wir noch einmal die drei urzeitlichen Entwicklungsstufen der Schöpfung betrachten. Auf der Entwicklungsstufe des alten Saturn wurde der physische Leib des Menschen in seinen ersten Anlagen geschaffen. Damit war der Grund gelegt zu dem, was heute das tote Mineralreich ist. Das Mineralreich ist jener Teil der alten Saturn-Schöpfung, der durch die darauf folgenden Entwicklungsstufen von Sonne, Mond und Erde nicht fortschreiten konnte. Der Mensch selbst war in der Welt des alten Saturn noch auf einer mineralischen oder leblosen Daseinsstufe. – Auf der alten Sonne wurde sein Äther- oder Lebensleib geschaffen. Wie die Pflanze mit einem physischen und einem Lebensleib begabt, war er nun ein lebendes, wenn auch noch nicht ein empfindendes Wesen. Das Pflanzenreich der Erde ist jener Bestandteil der

Schöpfung, welcher auf der Stufe der alten Sonne zurückgeblieben ist. – Auf dem alten Mond entstand das dritte Ausdrucksmittel des Menschenwesens: der Astral- oder Empfindungsleib. Der Mensch stieg nun, wenn auch unter ganz anderen als den irdischen Verhältnissen, zu einer tierischen Daseinsstufe auf; und das heutige Tierreich ist in gewissem Sinne jener Teil der ursprünglichen Substanz der Menschheit, welcher auf der alten Mondstufe zurückgeblieben ist. – Auf der Erde schließlich, in der der atlantischen vorangehenden lemurischen Epoche, empfing der Mensch von den «Geistern der Form» (den «Elohim» der Genesis) als einen inneren Funken des *Ich-bin* sein persönliches Ich.

Nun haben die drei uralten Schöpfungsstufen im Himmel gleichsam ihre Spuren hinterlassen. Die okkulte Wahrnehmung sieht in den Planetensphären von Saturn, Jupiter und Mars das, was man die kosmischen Natur-Erinnerungen der vorirdischen Daseinsstufen des Universums nennen könnte. Die Saturn-Sphäre, d.h. die gesamte Sphäre, die innerhalb der Umlaufbahn des heutigen Saturn enthalten ist, gibt die Grenze des alten Saturn-Körpers an; ebenso die Jupiter-Sphäre jene der alten Sonne und die Mars-Sphäre jene des alten Mondes.[11] Deshalb hängen die makrokosmischen Mysterien besonders eng mit den geistigen Kräften, die im okkulten Sinne [12] von den drei äußeren Planeten unseres Sonnensystems herstammen, also mit Saturn, Jupiter und Mars, zusammen. Und von diesen dreien nimmt Jupiter, nach alter Tradition der Planet der Weisheit und innerhalb der Hierarchien die Sphäre der «Kyriotetes» oder der «Geister der Weisheit», als Abbild der alten Sonnen-Evolution den zentralen Platz ein. Daher wird verständlich, was Rudolf Steiner in seinen Vorträgen über «Die Mission einzelner Volksseelen»[13] sagte, in welchen er wiederum die oben zitierten Vorträge «Der Orient im Lichte des Okzidents» erwähnte: «Die Geister des Jupiter wurden besonders beobachtet in jenen Mysterien, in denen sich zuletzt zusammengefunden haben – wie diejenigen wissen werden, die an meinem vorjährigen Münchner Vortragszyklus teilgenommen haben – die drei Individualitäten, die drei geistigen Wesenheiten des Buddha, des Zarathustra oder Zarathas in seiner späteren Inkarnation und desjenigen großen Führers der Menschheit, den wir mit dem Namen Skythianos bezeichnen», und zwar «unter der Führung eines noch Größeren».[13]

Hier müssen wir auf die Geisteswissenschaft von den Rassen und Völkern verweisen, um zu einem umfassenderen Verständnis der Art, wie die europäische Menschheit gebildet wurde, zu gelangen. Diese Zusammenhänge werden im eben zitierten Vortrags-Zyklus über «Die

Mission einzelner Volksseelen» erklärt. Als Träger und Abbild des Ich ist die Gestalt des Menschen auf der Erde die Schöpfung der «Elohim» oder «Geister der Form». Zentrum und Quelle ihrer schöpferischen Aktivität befindet sich in der Sonne und im Mond. (In ihrer ganzen Fülle oder ihrem Pleroma gibt es sieben Geister der Form, von denen einer Jahve oder Jehova seinen Wohnsitz im Mondbereich aufschlug, während die übrigen sechs den Bereich der Sonne wählten.)

Falls es nur nach den sieben Geistern der Form ginge, gäbe es auf der ganzen Erde nur eine einheitliche Menschheit; doch das Wirken der normalen Geister der Form wird vom Einfluß abnormer Geister der Form modifiziert. Diese hängen mit den fünf Planeten Saturn, Jupiter, Mars, Merkur und Venus zusammen. So entstehen die fünf großen Rassentypen; in unserem Zusammenhang sind jene, die mit den drei äußeren Planeten zusammen hängen, besonders wichtig. Wir wollen die Merkur-Rasse, die Äthiopier oder Neger, und die Venus- oder malayische Rasse beiseite lassen und uns denjenigen Rassen zuwenden, die von den Kräften des Mars, des Jupiter und des Saturn bestimmt sind. Die typischen Vertreter der Mars-Rasse sind die Mongolen, obwohl auch die semitischen Völker von den Mars-Kräften, die in diesem Falle im Blut wirken, bestimmt sind. Die Vertreter der Saturn-Rasse sind die

Indianer der westlichen Hemisphäre. Die Jupiter-Rasse ist die der Kaukasier,[14] der Bewohner von Europa, deren typischste Vertreter in der Geisteskultur des Altertums die den Zeus verehrenden Griechen waren, die einen Rassentyp hervorbrachten, der in dieser Beziehung noch immer das Ideal der europäischen Menschheit darstellt.

4.
Buddha und die Katharsis des astralischen Leibes

Die Trinität von Physischem, Ätherischem und Astralischem oder von Mineral-, Pflanzen- und Tierreich findet ihre kosmische Entsprechung in den drei äußeren Planeten unseres Sonnensystems: Saturn, Jupiter und Mars, deren verschiedene Sphären, wie bereits erwähnt, die Grenzen der kosmischen Daseinsstufen des alten Saturn, der alten Sonne bzw. des alten Mondes bezeichnen. Wir wollen nun betrachten, wie sich die drei großen Eingeweihten Skythianos, Zarathustra und Buddha zu dieser Trinität verhalten Die Mission des *Buddha* betrifft vor allem die Reinigung des menschlichen Astralleibes und die Überwindung von Luzifer. Buddha ist der *Meister des Mitleids*, er erkennt das unendliche Leiden des Lebens in der physischen Welt, und durch Mitleid überwindet er den Kreislauf der Begierde. Der Mensch wurde ursprünglich durch den Einfluß Luzifers in seinem Astralleib in das materielle Dasein heruntergezogen. Buddha zeigt, wie der Mensch den Herrn der

Begierde überwinden und durch Läuterung zum Nirvana aufsteigen kann. Sechshundert Jahre vor Christus lehrt er das Mitleid und die Liebe; und bei der Ankunft des Christus selbst ist er in den Geist-Sphären bei der Geburt des lukanischen Jesus-Kindes[15] zugegen, wenn Engel die Offenbarungsmacht Gottes in den Höhen und unter den Menschen guten Willens Frieden auf Erden verkünden. So leitet Buddha die Arbeit jener Ich-Kraft im Astralleib ein, durch welche das herrschende Böse zum Guten gewendet werden kann: «Führe uns nicht in Versuchung; erlöse uns vom Bösen.»

Die östliche Mythologie umgibt den Buddha mit verschiedenen Imaginationen aus dem Tierreich.[16] Warum ist das so? Der Astralleib des Menschen ist eine Schöpfung des alten Mond, und Luzifer bewohnt jenen Teil des Menschen, der aus der alten Mondenvergangenheit herübergekommen ist. Anatomisch und physiologisch gesehen ist es der Kopf mit der darangehängten Wirbelsäule. Wie manche mittelalterliche Bilder zeigen, ist es die wahre Imagination der Paradiesesschlange. Der Mensch, der auf Erden nach Weisheit strebt, begegnet seiner eigenen Tier-Natur; hier herrscht eine unerbittliche Polarität. Und die Lösung liegt auf dem Wege von Buddha oder Parzival: *Durch Mitleid wissend, der reine Tor.* – Luzifer durchtränkte das menschliche Weisheitsstreben mit Egoismus. Das kann einzig durch Mitleid überwunden werden. Deshalb wird die Qualität des Mitleids, des unendlichen Erbarmens, zur Sicherheit auf dem inneren Wege benötigt.

Diese okkulten Tatsachen sind in unserer Zeit auf tragische Weise in den höchsten Errungenschaften der modernen wissenschaftlichen Weisheit zum Ausdruck gekommen, nämlich in Darwins Theorie der menschlichen Abstammung – einem furchtbaren Mißverständnis der Beziehung des Menschen zum Tierreich. Nur durch ein Einfließen des vorchristlichen Buddha-Stroms aus geistigen Welten in unsere westliche Zivilisation wird dieser Irrtum überwunden werden können. Dann wird der Mensch seine wahre Beziehung zu den Geschöpfen erkennen, die um ihn herum ausgebreitet sind wie der Tierkreis um die Sonne. Dieses Einfließen der Buddha-Strömung zeigt sich im Westen an der Erneuerung der wahren Lehre von der geistigen Abstammung des Menschen: der Lehre von Reinkarnation und Karma. Rudolf Steiner gebraucht in seiner «Theosophie»[17] die Denkformen der modernen Evolutionstheorie, um die wahre Idee der Reinkarnation und der geistigen Individualität des Menschen zu erklären.

So hängt die Mission des Buddha mit all dem zusammen, was vom alten Mond zu uns herüberkommt. Er steigt über die Region des leidenschaftlichen Begehrens, über die Kräfte der Monden-Sphäre, welche den

Erlebnis-Bereich des Kama-Loka-Zustandes umgrenzt, hinaus. Der die Erde umkreisende Mond ist gleichsam die Schlacke, das tote, ausgebrannte Überbleibsel vom alten Mond. Der Mars andererseits ist, wie wir gesehen haben, das kosmische Gedächtnis, das im heutigen Universum ein lebendiges Zeugnis vom alten Monden-Dasein ablegt. Der Mars ist tatsächlich ein wäßriger Planet, genau wie es der alte Mond war.[11] Nun wissen wir, daß zu Beginn der Neuzeit – seit dem frühen 17. Jahrhundert – Buddha sein Tätigkeitsfeld unter der Führung von Christian Rosenkreutz auf den Mars verlegt hat, wo er eine ganz bestimmte und bedeutsame Mission durchzuführen hat. Im Durchgang durch die Mars-Sphäre zwischen dem Tod und einer neuen Geburt können menschliche Seelen nun die Buddha-Kräfte des Nirvana empfangen und in das irdische Leben hinuntertragen. Die Jenseitsgerichtetheit von Buddha wirkt nicht mehr direkt im Sinne einer Weltflucht, sondern als reine und starke Geistigkeit, die in die irdische Zivilisation hineinwirkt, als eine Geistigkeit aber, die gleichzeitig auch die wahren Friedensimpulse hineinträgt. Der Geist des Buddha blickt von der Mars-Sphäre auf die Erde hinunter und sieht die heutige Menschheit im Banne der schrecklichen Formeln: «die tierische Abstammung des Menschen», «Kampf ums Dasein», «Überleben der Tüchtigsten» etc. Er sieht die Nemesis des Egoismus verbunden mit einem intellektuellen Hochmut, der noch nicht gelernt hat, Luzifer zu überwinden; und durch menschliche Seelen, die ihm beim Durchgang durch jene Sphäre begegnen, läßt er die wahren Lehren von Karma und Reinkarnation zur Erde herniederströmen, damit Wert und Würde des Daseins (Reinkarnation) und die Brüderlichkeit aller Menschen (Karma) erkannt werden. So soll unter dem Einfluß Buddhas die Anschauung von der Reinkarnation des Ich an die Stelle der Idee von der tierischen Abstammung treten; so sollen im blinden Konkurrenzkampf die karmischen Fäden wahrgenommen werden, die sich von Seele zu Seele weben und von Christus, dem Herrn des Karma, empfangen und erlöst werden. In der kriegerischen Mars-Sphäre ist Buddha wirksam, im dynamischen Bereich der Geister der Bewegung, in dem noch die Spuren vorhanden sind von einem Himmlischen Kriege. Von hier aus strahlt er mit der Macht des Mars die Kräfte des Friedens aus. Und auf Erden wird unter Menschen, die eines guten Willens sind, Friede erreicht, wenn die geistigen Buddha-Einflüsse im Laufe der nächsten sechs Jahrhunderte in Wissenschaft und Zivilisation einströmen werden. Darin besteht die Erlösung des Astralleibs, des Vermittlers des bewußten Erkennens wie des Begehrens.[18]

5.
Zarathustra als Beschützer des Lebensleibes

Wir wollen uns nun Zarathustra zuwenden. Von der Geheimwissenschaft wird er vor allen anderen als derjenige Eingeweihte beschrieben, der in den vorchristlichen Zeiten den Christus in der Sonnen-Sphäre erkannte. Er erkannte in ihm das Wesen, das den Lebensleib des Menschen seit dem Zeitpunkt, als dem menschlichen Astralleib[9] der luziferische Einfluß imprägniert worden war, unter seinen Schutz genommen hatte. Tatsächlich hing Zarathustras Weisheit mit den Mysterien des alten Sonnen-Daseins zusammen, also mit der Zeit, in der die Kyriotetes, die Geister der Weisheit, den menschlichen Lebensleib schufen und sich der Christus auf das große Opfer vorbereitete, das er auf Erden vollbringen sollte. Die persischen Mysterien von Licht und Finsternis entspringen dem Wissen von dem alten Sonnen-Dasein, als das Urfeuer des Saturn in kosmischer Strahlung hinausleuchtete und das Licht zu Luft oder Gas herabgeschattet wurde, d.h. zur ersten Stufe des dichteren materiellen Daseins. Luft ist der Schatten von Licht. Luft und Licht gehören zusammen, und in den Lebensprozessen des Pflanzenreichs, das das gesamte Leben der Erde erhält, offenbaren sie ihr gemeinsames Wirken. Zarathustras Mysterium war deshalb dasjenige vom *Brot des Lebens*. Rudolf Steiner beschreibt es in dem weiter oben erwähnten Londoner Vortrag.[7]

Was bedeutet dieser Schutz des menschlichen Lebensleibes durch Christus? Als der luziferische Einfluß in den Astralleib eindrang, wurde der Mensch in die dichteren materielleren Bereiche hinuntergeworfen, und sein physischer Leib wurde mit dem Keim von Krankheit und Tod durchsetzt. Darauf kam er in den Wirkungsbereich jenes anderen Widersacher-Geistes, von Ahriman oder Satan, welcher der Herr des Todes ist. Zwischen dem luziferischen Begierden-Element im Astralleib und Tod und Krankheit, die sich daraus im physischen Körper ergaben, richtete das aus geistigen Welten wirksame Christus-Wesen im Äther- oder Lebensleib des Menschen seine Stätte ein, und dadurch wurde der Mensch davor bewahrt, den Bereichen der Widersacher endgültig zu verfallen. Die Bibel weist darauf hin, indem die Vertreibung aus dem Paradies mit der Legende vom Baume des Lebens verbunden wird. Seit diesem Zeitpunkt muß der Mensch die Quelle aller Heilung künftig im Lebensleib suchen. Die Kräfte von

Krankheit und Tod sind vom astralischen und vom physischen Bereich aus wirksam. Im Lebensleib wirken die Heilkräfte; und in der Kunst des Heilens arbeitet sogar die physische Medizin auf eine solche Weise, daß die selbstheilenden Kräfte des ätherischen, des Lebensleibes angeregt werden.

Als der Christus zur Erde niederstieg, brachte er die Kräfte des Lebensbaumes mit sich. Das, was dem Menschen im Paradies vorenthalten blieb, wurde ihm auf der Erde geschenkt. Das Versprechen der Erlösung wurde erfüllt. Und Zarathustra selbst bereitete in seiner Inkarnation als Jesus von Nazareth während dreißig Jahren den Leib für den Christus vor, den er einst vorherverkündigt hatte.[19] Bei der Jordan-Taufe erhob sich das Zarathustra-Ich in die geistigen Welten und opferte seinen Leib demjenigen hin, der die Kräfte des Lebensbaumes bewahrt hatte und der sie nun in die Menschheit brachte.

6.
Skythianos und die Geheimnisse des Physischen

Skythianos ist der dritte der großen Eingeweihten, die Manes zur Vorbereitung der Rosenkreuz-Mysterien im 4. Jahrhundert um sich versammelte. Und so wie Buddha mit dem Astralleib und Zarathustra mit dem Lebensleib zu tun hat, so hängt Skythianos, der dritte große Hüter des Siegels, mit den *Mysterien des Tempels*, d.h. des physischen Leibes des Menschen, zusammen. Das sagt uns Rudolf Steiner im Zyklus «Der Orient im Lichte des Okzidents».[3] Da wird Skythianos als der tief verborgene Eingeweihte beschrieben, der im alten Europa die atlantische Urweisheit bewahrte, eine «Weisheit, die tief hineinging sogar in alles dasjenige, was die Geheimnisse des physischen Leibes sind». Die Geheimnisse des physischen Leibes sind Saturn-Geheimnisse und damit Geheimnisse des Todes, denn der physische Leib des Menschen wurde auf dem alten Saturn geschaffen. Es sind die tiefsten Geheimnisse – von Tod und Auferstehung und vom Durchgang durch die Ewigkeit. Saturn ist der «alte Tag»; er ist Chronos mit der Sichel und der Bewahrer aller kosmischen Erinnerungen. Die Saturn-Kräfte tragen uns durch kosmische Mitternächte von Leben zu Leben. Auf dem alten Saturn wurde der erste Keim zum Geistesmenschen gelegt;[9] und wenn der Saturn im siebten großen Daseins-Zyklus wieder aufleben wird, dann wird sich der Mensch als Geistesmensch im vollkommenen Auferstehungsleib erheben.

In der folgenden Passage aus dem Schlußvortrag des Zyklus «Der Orient im Lichte des Okzidents» kommt Skythianos' Beziehung zu den Saturn-Mysterien wiederum zur Sprache: «Von dem Buddha hat das Christentum hinzuzulernen die Lehre von der Wiederverkörperung und dem Karma, wenn auch nicht in einer alten, heute nicht mehr zeitgemäßen Art. Warum fließen heute in das Christentum die Lehren von der Wiederverkörperung und dem Karma? Sie fließen ein, weil die Eingeweihten sie verstehen lernen können im Sinne unserer Zeit, wie sie Buddha, der große Lehrer der Wiederverkörperung in seiner Art verstanden hat. So wird man auch anfangen, den Skythianos zu verstehen, der nicht nur die Wiederverkörperung des Menschen zu lehren hat, sondern der *das zu lehren hat, was von Ewigkeit zu Ewigkeit waltet.*»[3] Dies sind die wirklichen Saturn-Mysterien. Außerdem lesen wir in der «Geheimwissenschaft im Umriß»[9] von der Saturn-Menschheit, wie sie in der alten atlantischen Zeit war. In den übrigen atlantischen Rassen wurden die Lebensleiber der Menschen vom Christus-Geist und seinen Verbündeten in Schutz genommen – in einem höheren oder geringeren Maße, am meisten innerhalb der Sonnen-Menschheit. Die Saturn-Menschheit war andererseits durch die Tatsache gekennzeichnet, daß nicht nur der Lebensleib, sondern auch ein Teil des physischen Leibes auf solche Weise beschützt wurde.

So hängen die Saturn-Mysterien mit dem Ausspruch: «Die ersten werden die letzten, und die letzten werden die ersten sein», zusammen. Der von Krankheit und Schmerz verletzte physische Leib ist das niederste der Glieder des Menschen; doch als Auferstehungsleib wird er schließlich sein höchstes sein. Diese Tatsachen finden ihr Echo in der okkulten Geschichte der nachatlantischen Menschheit. Während Manu, der Sonnen-Eingeweihte, die höher entwickelten Menschen aus Atlantis nach Zentralasien hinüberführte, blieben in Europa die niedrigsten der Niedrigen zurück – jene, die am tiefsten in Irrtum und Korruption gefallen waren, als die atlantischen Mysterien verraten wurden. Aus den höheren Menschenklassen entstanden die Kasten des alten Indien, der ersten nachatlantischen Kulturepoche. Was in Europa zurückblieb, war noch niedriger als die niedrigsten indischen Ausgestoßenen. Im Laufe der Jahrtausende, in denen in den mehr östlich gelegenen Gegenden der Welt die Kultur aufblühte, wurde die europäische Menschheit langsam gereinigt, veredelt und geläutert. Und da ihre Vorfahren im alten Atlantis durch ein unerlaubtes, vorschnelles Ergreifen der Weisheits-Geheimnisse zu Fall gekommen waren, hielten sich die Eingeweihten, die die europäische Menschheit durch die langen Zeitalter hindurch leiteten, noch mehr vor dem Volk verborgen, als es die Eingeweihten anderer Länder taten. Nur die Klasse der Krieger, die ihre Impulse direkt oder indirekt von den verborgenen Eingeweihten erhielten, kam mit dem Volk in Kontakt, das diese Krieger regierten und das sie durch ihr vorbildliches Rittertum und ihre Tapferkeit auf eine höhere Stufe hoben. Wir werden an die späteren Legenden von König Arthur und seinen Rittern erinnert, die von den Westküsten zur fernen Heimstätte der Saturn-Mysterien hinüberschauen konnten.

Das alte instinktive Hellsehen aus der atlantischen Zeit konnte nicht fortdauern, es mußte auf einzelne Individualitäten des Westens beschränkt werden. Unter diesen wurde es, wie Rudolf Steiner sagt, von einem Wesen fortgeführt, das zunächst in tiefster Verborgenheit lebte – selbst noch hinter jene europäischen Eingeweihten zurückgezogen, die sich selbst bereits von der Außenwelt zurückgezogen hatten und die seine Schüler waren. Dieses Wesen war Skythianos, der für spätere Epochen bewahrte, was aus Atlantis herübergebracht worden war.[3]

Als Christus in Palästina zur Erde kam, umgab er sich mit den zwölf Aposteln. Zwölf ist die Zahl der Geheimnisse des Raumes und des Baus des physischen Leibes. Die Zwölf waren Zeugen des Mysteriums von Tod und Auferstehung – der Zerstörung und des Wiederaufbaus des Tempels in drei Tagen. Christus ließ in die Zwölf die Kräfte einfließen, die aus Palästina in die Welt hinausgetragen wurden und die den Keim der Erkenntnis von der Auferstehung in sich bargen. Es gehört nun zu den wunderbarsten Offenbarungen der Geisteswissenschaft, wenn wir durch die Geistesschau Rudolf Steiners erfahren, daß die Zwölf ihrer physischen Abstammung nach von den ausgestoßenen Rassen, wie sie sich nach dem Untergang von Atlantis in den europäischen Gegenden angesiedelt hatten, abstammten.[20] So bestätigt die Geheimwissenschaft die wundervolle Überlieferung des exoterischen Christentums: Er kam zu den Verachteten und den Verworfenen.

Wir haben gesehen, wie die drei Eingeweihten, die die Anführer der Schule des Rosenkreuzes sind, mit den Mysterien der dreifachen physischen, ätherischen und astralen Menschennatur und mit der dreifachen Schöpfung durch die Saturn-, Sonne- und Mond-Stufe zusammenhängen. Skythianos ist der Bewahrer jener Mysterien, die sogar bis in den physischen Leib eindringen – den Saturn-Mysterien. Zarathustra ist der größte Lehrer der Geheimnisse des Lebensleibes, der auf der alten Sonne entstand, von welcher die Jupiter-Sphäre der heutige kosmische Überrest ist. Buddha ist der Lehrer der Geheimnisse des Astralleibs und von dessen Katharsis. Seit dem Beginn der Neuzeit ist der Mars seine Wohnstatt – der Mars, dessen Sphäre der Bereich der Geister der Bewegung ist, die dem Menschen in der alten Mond-Epoche seinen Astralleib verliehen.

7.
Erneuerung der Mysterien von Licht und Finsternis

Wir wollen nun noch einmal die Saturn-, Jupiter- und Mond-Menschheit sowie die Situation Europas durch die Jahrhunderte hindurch betrachten. Als Rasse stellen die Europäer die Jupiter-Menschheit dar. Kann von ihnen gesagt werden, daß sie eine besondere Beziehung zu Zarathustra haben? Ja, in der Tat. Die einzelnen Lehren der Geisteswissenschaft, wie weit sie auf den ersten Blick auch auseinander liegen mögen, weben ein wunderbar umfassendes Gesamtbild. Europa, und besonders Mitteleuropa, ist das Land, in welchem die Jupiter-Sonnen-Mysterien Zarathustras in neuer Form wieder aufleben werden. In einem am 8. November 1916 in Dornach gehaltenen Vortrag[21] über die Kunst von Dürer, Rembrandt und Holbein hebt Rudolf Steiner den Schleier vor dieser fundamentalen Tatsache der neueren Geschichte. Etwas, was in der magischen Weisheit des alten Persiens am Werk war, strömt wieder hervor aus den geheimnisvollen Zusammenhängen aller

Geschichte – strömt wieder in neuer Form herein in das Herz Europas im Laufe der modernen Zeit. Die zoroastrische, urpersische Weisheit der Magier steht mit den Geheimnissen von Licht und Finsternis und dem Erwachen der menschlichen Persönlichkeit im Zusammenhang. Dieses Empfinden für die Persönlichkeit des Menschen, das im Spiel von Licht und Finsternis zum Ausdruck kommt, entstand bei den mittel- und nordeuropäischen Künstlern – am charakteristischsten bei Dürer und Rembrandt. Es ist eine Kunstströmung, die ihrer Erfüllung noch entgegengeht. Gegenüber der Kunst der italienischen Renaissance, die ganz anderen Quellen entspringt, ist sie erst ein Anfang. Goethe, der selbst mit den Jupiter-Impulsen der geistigen Weisheit erfüllt war, erfaßte in seinem «Faust» etwas vom Geiste Rembrandts. Im Eingangsmonolog im dunklen, hochgewölbten Zimmer und dann wieder zu Beginn der Osterszene haben wir ein Spiel von Licht und Farbe, Licht und Finsternis vor uns, in das hinein Faust gestellt ist – als eine Gestalt der Neuzeit, die sich dem manichäischen Geheimnis, der Verwandlung des Bösen, der Überwindung der Dunkelheit durch das Licht, zuneigt. Es ist die wesentliche Mission der Jupiter-Menschheit, durch Bewußtsein und Erkenntnis Freiheit zu erlangen. Die Mysterien des Rosenkreuzes führen uns auf einen Einweihungsweg, der im allerwachsten Bereich unseres

Innenlebens beginnt, nämlich im bewußten Leben des Denkens und der Sinneswahrnehmung.

Der Rosenkreuzer-Weg ist nicht ein *asketischer*, sondern im buchstäblichen Sinne ein *ästhetischer* Weg, im Sinne von Schillers Wort: «Nur durch das Morgenrot des Schönen dringst du in der Erkenntnis Land.» Dies ist eine nicht bloß luziferische Schönheit, sondern eine bewußt empfangene Schönheit, die durch die Bildung eines inneren Sinnes hervorgebracht wird. Wir lernen die Farben als die «Taten und Leiden des Lichts» verstehen. Wir lernen, in den Sinneseindrücken, welche die Natur in Farbe und Ton auf uns macht, selbstloser und reiner zu leben. Wir lernen die Mysterien der zwölf Sinne kennen. Dadurch, daß wir das feinere ätherische Leben der Sinne veredeln und ins Bewußtsein heben, bearbeiten wir das höhere Nervensystem. Auf dem rosenkreuzerischen Weg erheben wir uns aus dem Grab des physischen Leibes – aus dem Gehirn und dem an die Sinne gebundenen, rein physischen Denken – und erwachen zum ätherischen Schauen und dem imaginativen lebendigen Denken. Das ist die Auferstehung des Ätherleibs, seine Loslösung aus den Fesseln des physischen Gehirns.

8. Europas Schicksale zwischen Ost und West

Wenn wir die Lage Europas zwischen Ost und West im langen Entwicklungsprozeß der Geschichte betrachten, so erhalten wir wiederum ein Bild derselben großen Tatsachen. Nach Osten zu wird die Jupiter-Menschheit von der Mars-Menschheit, d.h. den Mongolen, Türken und Tartaren begrenzt, die immer wieder in das europäische Gebiet eingefallen sind. Nach Westen hin befindet sich jenseits des Atlantik die Saturn-Menschheit. So haben wir die Aufeinanderfolge von Saturn, Jupiter und Mars auf der Erde wie im Himmel.

Wenn Europa in der früheren Geschichte unter den Invasionen der Tartaren, Hunnen und Türken litt, so ist dasselbe Europa in seiner späteren Geschichte zum Eindringling, Eroberer, ja sogar zum Ausrotter der Saturn-Rasse geworden. So stellt es sich für den äußeren Blick dar. Doch sind es, innerlich gesehen, nicht die dunklen, geheimnisvollen Kräfte des Saturn-Bereiches, die nach Europa eingedrungen sind? Manche Kunstform, die unter der Ägide der modernen Wissenschaft blüht, verdankt ihren Ursprung den geheimnisvollen okkulten Kräften, die nach Europa hereingeströmt sind vom amerikanischen Kontinent, auf dem die verborgenen Alters- und Todeskräfte am stärksten auf den Menschen wirken und wo die magischen Künste, die gewisse Erdkräfte hervorgerufen haben, kultiviert wurden. Die abstrakte Wissenschaft meint immer noch, daß die moralische und die natürliche Weltordnung voneinander unabhängig seien, doch die Erfahrungen der nahen Zukunft, ja schon der Gegenwart, sind dazu bestimmt, diesen Irrtum zu korrigieren.

Von der entarteten atlantischen Menschheit waren in Europa böse Astralkräfte zurückgeblieben. Das galt sogar noch für die Zeit, als die niedersten Rassen physisch ausgestorben waren und der Rassentypus veredelt worden war. Als in den finsteren Zeiten die Invasionen der Hunnen Tausende von Europäern in Schrecken versetzten, wurde diese Angst zum Brennpunkt, der die kranken astralischen Überreste in ihre Leiber hereinlockte. Und als diese Korruption nach Jahrhunderten bis ins Physische hinunterwirkte, kam sie als Aussatz, die Plage des Mittelalters, zum Vorschein.

Aus einer Überfülle von Liebe und Mitleid brachte Franz von Assisi die Kräfte der Heilung. Wer war der Heilige Franziskus? Rudolf Steiner beschreibt ihn als eine Persönlichkeit, die in einer früheren Inkarnation ein christlicher Schüler des Buddha gewesen war. Er hatte in einer Mysterien-Schule an den Küsten des Schwarzen Meeres im 7. oder 8. Jahrhundert nach Christus aus der geistigen Welt die Buddha-Lehre in ihrem christlichen Aspekt empfangen. Er hatte den Christus-Impuls in seinem merkwürdigen Verhältnis zum Meister des Mitleids aufgenommen. All das trat bei ihm in seiner Inkarnation um die Zeit des 12. und 13. Jahrhunderts als eine Kraft der göttlichen Gnade und Liebe in Erscheinung. Franziskus heilte aus den in seinem Astralleib wirksamen Christus-Kräften heraus nicht nur den Aussatz derer, denen er sich mit furchtloser Liebe näherte; er trug die Heilkräfte sogar in die Atmosphäre Europas hinein, wodurch die Plage nach einiger Zeit verschwand.[20]

Wir mögen uns in diesem Zusammenhang in Erinnerung rufen, daß es die mongolische Rasse (die Mars-Menschheit) war, die von der Mission des Buddha hauptsächlich durchdrungen wurde, und daß sich Buddha selbst nun im Mars-Bereich befindet. Schaut die europäische Menschheit ostwärts zu den fernen asiatischen Gebieten, wo sich die ältesten und kraftvollsten heiligen Stätten alter Weisheit befinden, so wird sie sich der Mysterien Luzifers bewußt, d.h. jener Mysterien, die mit dem Astralleib verknüpft sind, sowie des

Buddha, dem Nachfolger von Krishna und dem letzten der großen östlichen Lehrer, die der Menschheit zeigten, wie der luziferische Einfluß zum Guten gewendet werden kann. Bis auf den heutigen Tag lebt im fernen Osten unter der mongolischen Rasse die Tradition fort, die von der Luzifer-Weisheit des Altertums übriggeblieben ist.

Ebenso muß die europäische Menschheit, wenn sie den Blick nach Westen richtet, die Aufmerksamkeit auf jene Mysterien lenken, über die Ahriman seine Hand hält, nämlich die Mysterien des Todes, der äußeren Natur und vor allem des physischen Leibes des Menschen. Auch hier müssen wir aus den Quellen des Christus, aus den im Lebensleib wirkenden Auferstehungskräften die Mittel der Überwindung gewinnen. Die Menschheit ist sich im allgemeinen noch nicht der intensiven Gefahren bewußt, die den saturnischen Todeskräften innewohnen, mit denen wir uns in unserer aus Maschinen bestehenden Zivilisation umgeben. Wenn dieses Bewußtsein in der nahen Zukunft in einer größeren Anzahl von Menschen erwacht, wird die Geisteswissenschaft bereitwilliger aufgenommen werden. Dann wird man realisieren, was Rudolf Steiner ganz am Ende seines Lebens im letzten seiner «Leitsätze» gesagt hat: Der Mensch muß sich dadurch, daß er sich bewußt in die geistigen Bereiche erhebt, die Kraft erwerben, «nicht unterzusinken» in den Todeskräften und den niederen Regionen, welche die moderne ahrimanische Zivilisation heraufbeschwört. Die nach Westen schauende Jupiter-Menschheit muß lernen, angesichts des Todes und der Zerstörungskräfte der Erde ein erhöhtes geistiges Bewußtsein zu entfalten. Dies ist der Zukunfts-Impuls: im Tode des physischen Leibes und der Erde die Mysterien der Auferstehung – des heiligen Geistes – kennenlernen. Es ist das Geheimnis der Bewußtseinsseele; es ist vor allem die Botschaft für West-Europa – für die englischsprechenden Völker, die die Küsten des Atlantik bewohnen.

Albrecht Dürer, der so wunderbar im Element von Licht und Finsternis arbeitet, schuf als einen seiner berühmtesten Stiche das «Ritter, Tod und Teufel» genannte Bild. Man sieht darauf den christlichen Ritter geraden Wegs zwischen den Schrecken des Todes und den Verlockungen des Teufels hindurchreiten. Es ist dies ein wahres Symbol der europäischen Menschheit, deren Aufgabe es ist, das Geheimnis des Rosenkreuzes kennenzulernen – das Geheimnis des Gleichgewichts: Christus als der Menschheitsrepräsentant, der zwischen Luzifer und Ahriman vorwärtsschreitet.

Schluß

Die Rosenkreuzer-Mysterien, die im 4. Jahrhundert nach Christus, als die letzten Überreste der alten gnostischen Weisheit verschwanden, veranlagt wurden, sind Mysterien von der Drei und der Eins. Manes, die Eins, der «hohe Sendbote des Christus» selbst, versammelte die drei Eingeweihten um sich, die die dreifache Menschennatur und die drei vorzeitlichen Entwicklungsstufen der Schöpfung repräsentieren. Manes selbst wird schließlich der Lehrer der tiefsten Mysterien sein – jener des menschlichen Ich, das in der Überwindung und der Verwandlung des Bösen zu sich selbst kommen wird. Darin besteht der wahre Manichäismus, dessen tiefere Bedeutung aufzunehmen die Menschheit noch nicht reif ist. Es ist der Strom der Zukunft. Doch die Rosenkreuz-Mysterien sind von allem Anfang an mit ihm verbunden. Wie Rudolf Steiner in seinen grundlegenden Werken[22] sagt, liegt der ganze Sinn der Zivilisation darin, daß das tätige Ich die drei Leibesglieder zu durchdringen, mit seinen eigenen Bewußtseinskräften zu verwandeln, zu veredeln und zu beherrschen lerne, um dadurch den Grund zu legen für den zukünftigen dreifachen geistigen Menschen: *Manas, Buddhi, Atma.* Gerade so, wie der höchste Eingeweihte die Drei um sich versammelte, so lernen wir in der Geisteswissenschaft immer wieder die Drei und die in ihr wirkende Eins, das menschliche Ich, verstehen. Da hierin das eigentliche Wesen der geistigen Führung für unser Zeitalter liegt, lassen sich auch die Schicksale und Probleme unserer Zeit nur in dreifacher Art betrachten und lösen. Wir können unsere sozialen, nationalen oder rassischen Probleme nicht eher lösen, als bis wir in das Geheimnis der Drei eindringen. Das Ost-West-Problem, das größte Problem unserer Zeit, erscheint in seinem wahren Licht, wenn wir die Drei – Ost, Mitte, West – betrachten; denn in diesem Geheimnis lebt das Gleichgewicht zwischen den beiden Extremen. Ebenso wird auch das soziale Problem im Lichte eines dreifachen Staates – er gliedert sich in einen wirtschaftlichen, einen politischen und einen geistigen Teil – klar erfaßt. Die Zeit ist gekommen, in der die äußeren Führer der Menschheit lernen müssen, wiederum aus den Mysterien heraus zu handeln. Finden der Trinität – nicht mehr im Dogma, sondern im Leben selbst –, das ist der geistige Ruf und das unerbittliche Schicksal der Moderne.[23]

Die Wirksamkeit des Christus
in Erinnerung und Liebe

Zur Einführung

Der heutige Mensch will seinen Zusammenhang mit den Quellen allen Daseins wiederfinden. Er sucht nach einer Erkenntnisart, die imstande ist, ihn über die blassen Weltenschatten der gewöhnlichen Wissenschaft hinauszuführen. Er möchte sich des realen Bandes, durch das er mit dem kosmischen Leben verbunden ist, bewußt werden.

Die Quellen unseres Daseins – und das gilt für jeden einzelnen Menschen wie auch für die Menschheit als Ganzes – sind nicht bloß physischer Natur. Und auch die physischen Tatsachen selbst erscheinen in verkürzter Sicht, solange sie nicht im Lichte der Geisteswissenschaft betrachtet werden.

Nicht nur die menschliche Geburt, auch der Tod und die Wiedergeburt im Geiste, vollziehen sich im Zusammenhang mit den schöpferischen und fortschrittlichen Kräften, die im Weltall wirksam sind. Eine nur materialistische Wissenschaft wird die Erscheinungen von

Geburt und Abstammung nicht in ihrer wahren Perspektive beleuchten können; noch weniger vermag sie das Geheimnis des Todes und der Überwindung des Todes zu enthüllen. Die Verirrungen der heutigen Menschheit sind hauptsächlich darauf zurückzuführen, daß die materialistisch orientierte Wissenschaft Fragen aufgeworfen und in eine klare Form gebracht hat, die zu beantworten sie nicht in der Lage ist. Doch zugleich ist die Zeit gekommen, wo jedem fragenden Menschen auch der Zugang zu einer Wissenschaft vom Geiste offensteht.

Die Geisteswissenschaft zeigt bis in alle Einzelheiten hinein, wie das Wesen des Menschen, selbst in seiner physischen Organisation, im schöpferischen Geist verwurzelt ist. Sie zeigt den wirklichen Zusammenhang, der zwischen physischer Außenwelt, geistigen und seelischen Fähigkeiten des Menschen und dem unvergänglichen Geist besteht, in dem sowohl die Außenwelt wie die Innenwelt ihren wahren Ursprung haben. So zeigt sie auch, wie die Erinnerungsfähigkeit, auf der ja der größte Teil unserer Bewußtseinstätigkeit beruht, das Erbe ist von jenen göttlichen Kräften, die den Menschen einst in das physische Dasein geführt haben. Die *Liebe* andererseits – die Liebe, die «treu ist bis in den Tod» – ist in einem absolut wirklichen Sinne der Anfang von weltschöpferischen Kräften, und der Mensch selbst ist dazu berufen, diese Kräfte in die kosmische Zukunft hinüberzutragen. In der Mitte zwischen diesen Vergangenheits- und Zukunftsimpulsen lebt der Christus; er hilft dem sich entwickelnden Menschen-Ich, den Weg zu finden über den Abgrund des Todes hinweg, durch den Schein der Seinsleere hindurch, die den Menschen in den finstersten Stunden seines irdischen Daseins umfangen will.

1.
Erinnerung – Leben und Tod

In den Briefen, die Rudolf Steiner einige Wochen vor seinem Tod noch an die Mitglieder der Anthroposophischen Gesellschaft schrieb, gibt es eine wundervolle Stelle, die von der Erinnerung und ihrer Beziehung zur fernen geistigen Vergangenheit und zur nahen Zukunft der Menschheit handelt. Es ist in mehreren dieser letzten Briefe von der Erinnerung und von mit ihr verwandten Seelenkräften die Rede. Der Brief, den ich besonders im Auge habe, erschien am 22. Februar 1925 und trägt den Titel: «Die Freiheit des Menschen und das Michael-Zeitalter». Kurz zusammengefaßt, beschreibt Rudolf Steiner darin, wie in der Erinnerung eine verborgene Lebensquelle, eine lebendige Kraft steckt, die, würde sie ins Bewußtsein emporsteigen, diesem eine ganz andere Gestalt verliehe als die dem Zeitalter der Freiheits-Entwicklung entsprechende, und wie wir dadurch von unserer wahren Menschen-Aufgabe abgelenkt würden. Dies zustande zu bringen ist tatsächlich die dauernde Bemühung Luzifers; mehr noch, Luzifers Bemühungen hätten sogar Erfolg, wenn ihm der Erzengel Michael nicht widerstehen würde. Michael läßt nicht zu, daß die überschüssige Lebenskraft der Erinnerung in das gewöhnliche Bewußtsein des Menschen eindringt.

Und nun folgt eine Mitteilung, die zweifellos von größter Bedeutung ist für das Verständnis unserer eigenen Zeit sowie der geistigen Bestrebungen, an denen wir uns, ausnahmslos, beteiligen. «Die überschüssige Kraft», sagt Rudolf Steiner, «die da aber durch Luzifer heraufdrängt aus dem menschlichen Innern, sie wird im Michael-Zeitalter umgewandelt werden in imaginierende Kraft. Denn allmählich wird in das allgemeine intellektuelle Menschheitsbewußtsein die Kraft der Imagination einziehen.»[1]

Vielleicht wird auch der Leser bei solchen Worten das Gefühl haben, vor eines der überwältigenden Rätsel gestellt zu sein, wie sie uns aus der Geisteswissenschaft immer wieder entgegentreten, obwohl es Rudolf Steiner auch in diesem Fall wahrscheinlich um nichts anderes zu tun war, als einer vom Leben selbst aufgeworfenen Rätselfrage Ausdruck und Substanz zu verleihen. Doch in den darauf folgenden Sätzen kann uns allmählich ein Licht aufgehen, und folgen wir nun diesem Lichte – was wir auf diesen Seiten tun wollen –, so werden wir tief hineingeführt in ein grandioses Geistes-Bild von der Entwicklung und der Aufgabe der Menschheit. Was der Mensch von der Kraft der bewußten Imagination erfahren wird, fährt Rudolf Steiner fort, behält er nicht bloß in seinem eigenen Innern zurück; es wird zu einem Teil des gesamten Kosmos. «Daß dies so sein kann, ist das Ergebnis des Mysteriums von Golgatha. Die Christuskraft prägt die Menschen-Imagination dem Kosmos ein. Die Christuskraft, die mit der Erde verbunden ist. Solange sie nicht mit der Erde verbunden war, sondern von außen auf die Erde als Sonnenkraft wirkte, gingen alle Wachstums- und Lebens-Impulse in das Menschen-Innere. Der Mensch wurde durch sie aus dem Kosmos heraus gebildet und erhalten. Seit der Christus-Impuls mit der Erde lebt, wird der Mensch in seiner selbstbewußten Wesenheit dem Kosmos wieder zurückgegeben.»[1]

Wir werden also dazu aufgefordert, uns jene großen geistigen Kräfte, die den Menschen in das physische Dasein heruntergeführt haben, ins Bewußtsein zu rufen. Wir werden an all das erinnert, was in der elementaren anthroposophischen «Wissenschaft vom Menschen», auf welcher auch die neue Erziehungskunst aufgebaut ist, gesagt worden ist. Die geistigen Kräfte – vor allem der Gedanke und die Erinnerung –, die im heranwachsenden Kind erwachen und sich entfalten, sind das letzte Erbe der göttlichen Schöpferkräfte, die die Leibesnatur geschaffen haben. Daß diese Kräfte, die in den ersten Kindheitsjahren wirksam sind, wenn der Mensch gehen, sprechen und sein Gehirn gebrauchen lernt, in Wirklichkeit die Kräfte des Christus selbst sind, sagt uns Rudolf Steiner in jenen denkwürdigen Passagen, wo er den Ausspruch interpretiert: «Ich bin der Weg, die Wahrheit und das Leben».[1a]

Daß die *Gedanken-Kräfte* ein Echo der großen schöpferischen Kräfte darstellen, die uns auf der Erde haben entstehen lassen, damit ist derjenige vertraut, der die Anthroposophie studiert. Doch wir werden die Sache noch tiefer betrachten müssen mit einem Blick, der die gesamte bisherige Menschheitsentwicklung umspannt, wenn wir begreifen wollen, was hier von der Erinnerung, von Luzifer und von Michael sowie von der heute auftretenden Kraft der imaginativen Erkenntnis ausgesprochen wird.

Der Mensch gebraucht in der *Erinnerung* vor allem die Kräfte des ätherischen, d.h. des Lebensleibes. Die Kräfte des Lebens, des Wachstums und der Regeneration, die sich bei der Pflanze vollkommen für das äußere Wachstum verausgaben, werden beim Menschen teilweise für das seelische Innenleben freigesetzt. Der menschliche Ätherleib verbraucht nicht alle seine Bildekräfte für den Aufbau der äußeren Organformen oder für den Leib in seiner Gesamtheit; er stellt einen Teil der Seele zur Verfügung; er unterstützt sie sozusagen, solange sie in dieser Welt lebt, bei der Gestaltung der inneren Bewußtseinsbilder. So erweist sich die Denktätigkeit, die vor allem auf der Erinnerungskraft beruht, als die Arbeit des Ich innerhalb des Ätherleibs, wodurch sich die Verstandes- oder Gemütsseele entwickelt. In der unmittelbaren Wahrnehmung der Außenwelt ist vor allem der Astralleib – die Empfindungsseele – tätig. Bei der Erinnerung unserer Eindrücke, die wir bis zu einem gewissen Grad unbewußt vollziehen, prägen wir sie dem Ätherleib tiefer ein; mehr noch, wir machen auch von der Verbindung des Ätherleibs mit dem physischen Leib Gebrauch. Dies ist der Grund, weshalb im Augenblick des Todes, wenn das Ätherische aus seiner Verbindung mit den physischen Organen gelöst wird, die Lebenserinnerungen auf einmal in ihrer Totalität freigesetzt werden und wir auf der ersten Stufe unseres nachtodlichen Erlebens die drei Tage währende Tableau-Erfahrung machen. Solange der Ätherleib an den physischen gebunden war, lagen die Erinnerungen vergessen oder zumindest im Schlummer; nur ein Teil von ihnen wurde von Zeit zu Zeit für die fragmentarischen und mehr oder weniger schattenhaften Erinnerungs-Gedanken des gewöhnlichen Lebens freigegeben. Doch bei der Befreiung des Ätherleibes im Todesaugenblick leuchten alle vergessenen Erinnerungen in lebendigen Bildern auf, als mächtiges Panorama, denn das Tableau-Erlebnis ist nicht nur umfassender, sondern auch unvergleichlich lebhafter als die Erinnerungsbilder des irdischen Bewußtseins.

Dieses Beispiel führt uns zum Kern der ganzen Frage: Welche Beziehung besteht zwischen der Erinnerung und den Kräften von Leben und Tod? Wir können auf eine sehr alte Zeit zurückblicken, als der Mensch den Tod noch kaum kannte. Damals mußten auch die Kräfte, die heute in der Erinnerung wirken, eine ganz andere Rolle gespielt haben. Rudolf Steiner beschreibt das in dem Buch «Aus der Akasha-Chronik», im Kapitel «Die hyperboräische und die polarische Epoche».[2] In der ersten der sieben Epochen, der *polarischen*, als die menschlichen Seelen zum ersten Mal mit der Erde in Berührung kamen, war der ganze menschliche Leib in seiner zarten ätherischen Form, in der er damals existierte, durch und durch belebt und beseelt. Es gab keine speziellen Organe, weder der Wahrnehmung noch der Fortpflanzung. Die damals vorhandenen Anlagen zur Sinneswahrnehmung – eine Art von unbewußtem Hören der inneren Harmonie in der Ebbe und Flut der ätherischen Materie – durchdrangen den ganzen Leib. Rudolf Steiner nennt deshalb das ganze Menschenwesen «ein einziges Gehörorgan».[2] Ein besonderes Hörorgan entwickelte sich erst auf einer späteren Stufe. Außerdem spaltete sich ein Menschenleib, wenn er zu einer bestimmten Größe herangewachsen war, einfach in zwei Teile, wie wir das bis auf den heutigen Tag bei mikroskopischen Organismen sehen können, und jeder der zwei Tochter-Leiber wurde beseelt, so wie es auch der Elternleib gewesen war. Noch gab es keinen Tod, der größere Teil des Leibes wurde noch nicht abgelegt und der Zersetzung und dem Zerfall preisgegeben, und so mußte auch noch kein winziger Embryo oder eine Keimzelle als Lebenskern für die nächste Generation zurückbehalten werden. Leben und Beseelung bildeten einen ununterbrochenen Strom, auch gab es im irdischen Leib noch nichts, das der Seele fremd gewesen wäre und deshalb hätte abgelegt werden müssen.

Das wurde anders, als die Erde sich verdichtete und besonders, als das Erd-Element im engeren Sinne des Wortes – d.h. in seiner Verschiedenheit vom Wasser-, Luft- und Feuer-Element – seine immer wichtigere Rolle zu spielen begann. Nun konnte die Seele nicht mehr den gesamten Körper beleben und kontrollieren. Der mehr irdische Teil des Körpers wurde der unmittelbaren Herrschaft der Seele entzogen, und nur bestimmte Organe – vor allem solche des Innenlebens mit seinen Erlebnissen und Tätigkeiten – wurden auch weiterhin im vollen Maße belebt und beseelt. Von Zeit zu Zeit mußte nun der größere Teil des Körpers von der Seele völlig verlassen werden. Dieser wurde den äußeren irdischen Kräften überlassen und starb dahin. Nur ein kleiner Teil, der mit einem Samen oder einem Lebenskern vergleichbar ist, blieb weiterhin belebt und beseelt; er wurde zum Keim, aus dem nach einer bestimmten Zeit der Tochter-Körper entstand. Wohlverstanden, es handelte sich noch nicht um die Trennung der Geschlechter, und dieser Vorgang war noch ganz frei vom *inneren Todes-Erlebnis*, welches erst auf einer viel späteren Entwicklungsstufe, als sich das menschliche Ich tiefer inkarniert hatte, auftrat. Es handelte sich um ein Übergangsstadium während der hyperboräischen Epoche, das ungefähr der Zeit entspricht, als die Sonne die Erde verließ. Die Zeit jener vollen, ursprünglichen Vitalität, wo sich noch keine Spur zeigte von Tod und Zerfall oder eines anderen Elementes, das auf dem Erdplaneten der Seele fremd sein könnte, konnte nur so lange dauern, als sich die Lebenskräfte der Sonne innerhalb der Erde selbst befanden und den Urmenschen gleichsam von innen heraus erleuchteten.

Was in einer gewissen Richtung als Verlust empfunden werden könnte, erwies sich dennoch als Gewinn. Als die Seele nicht mehr den gesamten Leib beleben mußte, wurde ein Teil ihrer inneren Kräfte freigesetzt, und diese Kräfte erwachten dadurch zu einem höheren Bewußtsein. Die Wahrnehmungen, die bisher nur verschwommene Umrisse hatten und noch ganz dumpf waren, erhielten nun bestimmtere Gestalt und wurden bewußter erlebt. Die Seele fing an, ein inneres Erleben der durch und um den Leib wallenden Harmonien und Bewegungen zu haben. Tastwahrnehmungen, Wahrnehmungen von Druck und Ähnlichem entstanden; ebenfalls von Wärme und Kälte. Außerdem wurden nun in den feineren Teilen des Körpers, die noch immer unter dem Einfluß der Seele standen, allmählich bestimmte Organe der Wahrnehmung entwickelt. So vollzog sich die Geburt der Sinnesorgane. Zuerst entstand das Gehörorgan, das sich zwar nicht mehr über den ganzen Körper erstreckte, aber verglichen mit seiner heutigen Größe und Festigkeit noch immer phantastisch groß blieb. Dann entwickelten sich der Wärmesinn und der Tastsinn, die bis zum heutigen Tag unbestimmter blieben. Auf einer späteren Stufe, kam mit der endgültigen Trennung der Sonne, deren Licht nun von außen die Erde bestrahlte, schließlich der Sehsinn dazu.

Wir sehen also, daß in jenem paradiesischen Zeitalter der Menschheitsentwicklung, in dem der Tod – zwar erst als schwacher Schatten und noch nicht in seiner vollen Realität – den Weg des Menschen kreuzte, zwei Dinge parallel verliefen: die Entwicklung der menschlichen Sinnesorgane und jene der Fortpflanzungsorgane. Denn von dem Augenblick an, als ein differenzierter Teil des Mutterkörpers zum Zwecke der Fortpflanzung abgegliedert wurde, können wir von Organen der Fortpflanzung sprechen, auch wenn sie noch nicht zweigeschlechtlicher Natur waren. Sinnesorgane und Fortpflanzungsorgane, oder in den ihnen entsprechenden Bewußtseins- und Lebensfunktionen: Wahrnehmung und Fortpflanzung, beide gehören zusammen; sie bilden eine erste große Polarität in der menschlichen Natur. Wir können das menschliche Leben, wir können die Probleme der Seele oder der individuellen und rassischen Entwicklung, die vor allem die Probleme unserer eigenen Zeit sind, nicht verstehen, wenn wir das nicht wissen. Und wenn wir fragen, wohin diese Polarisierung des Menschenwesens führen, welche Rolle im großen Drama der menschlichen Geschichte sie spielen sollte, so können wir mit zwei schlichten Worten antworten: Weisheit und Liebe. Die bewußte Wahrnehmung sollte später den Menschen zur Suche nach *Erkenntnis* führen, während zugleich dem Leben der Generationen – der Zeugung, der Ernährung und Pflege von Erdengeneration um Erdengeneration – die ersten Keime der *Liebe* eingepflanzt wurden. So können wir sehen, wie seit der Zeit, als der Mensch aus der ursprünglichen Einheit im Schoße der Götter herausgetreten ist, eine Dreiheit seine langsame Entwicklung wegweisend begleitet:

Tod

Weisheit *Liebe*

Und von den dreien thront der Tod als der große Trennende in der Mitte. Nur die Meisterung des Todes wird harmonisch verbinden können, was sich seit jener Zeit immer weiter auseinanderentwickelt oder chaotisch verschlungen hat: den Weg der Weisheit und den Weg der Liebe. Das Ringen um die Vereinigung dieser beiden Wege ist ein Kampf zwischen Licht und Finsternis, der in einem jeden menschlichen Herzen stattfindet.

2.
Die Mutter-Kraft der Phantasie

Wir werden die lemurische Epoche nur kurz durchschreiten, obwohl sich gerade damals wesentliche Dinge abspielten: Zum erstenmal stieg das menschliche Ich herunter, um als Geistwesen eine Seele zu bewohnen, und gleichzeitig dazu vollzog sich die Trennung der Geschlechter, die auch den Tod bedingte. In der vorangehenden Epoche ist allmählich eine Art leiblicher Tod eingetreten, doch, wie wir gesehen haben, war damit noch nicht ein inneres Todes-Erlebnis verbunden, das ja nur der Geist – nur das Ich im Menschen – wirklich erleben kann. Zwar hatte sich schon eine polare innere Differenzierung zu entwickeln begonnen: Sinnesorgane, Erkenntnisorgane auf der einen Seite; Ernährungs-, Erzeugungs- und Fortpflanzungsorgane auf der anderen Seite. Doch hatte dies noch nicht dazu geführt, die menschlichen Leiber in ihrer Ganzheit in zwei Arten, eine männliche und eine weibliche, zu trennen. Doch wie wir sehen werden, sind beide Differenzierungen zutiefst miteinander verbunden. Die Menschheit wäre leiblich nicht in männlich und weiblich gespalten, wenn nicht jeder Mensch die Polarisierung im Werdezustand bereits in sich selbst trüge. (Wir müssen uns aber an diesem Punkt davor hüten, auf grobe, oberflächliche Analogien zu verfallen, denn wir berühren hier ein Thema, das zu tief ist für leichtfertige oder voreilige intellektuelle Kategorien.)

Auftreten des Ich, Tod und Trennung der Geschlechter! Wiederum zeigt uns Rudolf Steiner, wie der Verlust in einer Richtung dennoch einen Gewinn darstellt. Die *Trennung der Geschlechter* war in der Tat ein Verlust! Einseitig Mann, einseitig Frau – beide nur unvollständig Mensch. Und doch wurde dadurch in der Entwicklung des Menschen als eines Trägers des bewußten Geistes eine weitere Stufe erreicht. Denn als sich die Seele nicht mehr in der Durchdringung eines männlich-weiblichen Körpers, der aus sich allein seinesgleichen hervorbringen konnte, betätigen mußte; als in der Tat nur noch ein Teil der Zeugungskraft in einem Leib wirkte und von außen von einem anderen Leib ergänzt wurde, da wurde ein Teil der Seelenkraft, der bisher in die umfassendere Leibestätigkeit der selbständigen Fortpflanzung eingeflossen war und von dieser Tätigkeit absorbiert wurde, für eine andere Aufgabe frei. Das geschah im Mann ebenso wie in der Frau, wenn auch in ziemlich verschiedener Weise. Der von seiner früheren Aufgabe befreite Seelenteil vereinigte sich mit dem Geist, der nun aus dem Kosmos hereintrat, und durch diese Vereinigung der menschlichen Seele mit dem Geist wurde das menschliche *Gehirn* gestaltet, das in der Zukunft zum Organ des Denkens, das heißt zum Organ der bewußten geistigen Aktivität des Menschen werden sollte. «So konnte der Mensch», sagt Rudolf Steiner, «einen Teil der Kraft, die er früher zur Hervorbringung von seinesgleichen verwendet, zu einer Vervollkommnung seines eigenen Wesens verwenden. Die Kraft, durch die sich die Menschheit ein denkendes Gehirn formt, ist dieselbe, durch welche sich in alten Zeiten der Mensch befruchtet hat. Das Denken ist erkauft durch die Eingeschlechtlichkeit. Indem die Menschen nicht mehr sich selbst, sondern sich gegenseitig befruchten, können sie einen Teil ihrer produktiven Kraft nach innen wenden und zu denkenden Geschöpfen werden. So stellt der männliche und der weibliche Leib je eine unvollkommene Gestaltung der Seele nach außen dar; aber sie werden dadurch in ihrem Inneren vollkommenere Geschöpfe.»[3]

Wir sehen also, daß zum zweiten Mal – und auf einer höheren und einer tieferen Stufe – der Verlust in einer bestimmten Richtung von einem potentiellen Gewinn in einer anderen Richtung wettgemacht wurde. Ich sagte absichtlich, durch einen «potentiellen» Gewinn; denn die Erfüllung dessen, was gewonnen wurde, hing vom bewußten Streben des Menschen ab, der erst in einer späteren Zeit mit seinem Ich vollständig von den so vorbereiteten Organen Besitz ergreifen sollte. Während der Trennung der Geschlechter in der lemurischen Zeit arbeitete der aus dem Kosmos stammende Menschengeist noch mit dem freigewordenen menschlichen Seelenteil an der Gestaltung des Gehirns wie des höheren Nervensystems überhaupt, damit es zum irdischen Organ des Geistigen werden konnte. Doch eine lange Zeit mußte noch vergehen bis zu den nachatlantischen oder mindestens bis zu den späteren atlantischen Epochen, als der Mensch wirklich zum bewußten Denker wurde. So war der Fall des Menschen in mehr als nur einer Hinsicht eine Tat des Vertrauens und des Verzichts auf seiten derjenigen Wesenheiten – sie warfen gleichsam ihr Brot auf das Wasser –, die in ihrer Weisheit den Menschen auf seine lange Pilgerfahrt durch das Tal der Schatten geschickt hatten.

Doch dürfen wir beim Zurückblicken in die ferneren hyperboräischen Tage, die wir zuvor beschrieben haben, jene erste Bildung von Sinnesorganen nicht mit dem Anfang der Sinneswahrnehmung, so wie wir sie heute kennen, verwechseln. Obwohl die rudimentären Sinnesorgane auf äußere Vorgänge antworten mögen und obwohl der Mensch in einem dumpfen Gefühl in seinem inneren Seelenleben gleichzeitig Eindrücke hatte, bezog er diese Eindrücke während einer langen Zeit noch nicht auf irgendwelche äußere Gegenstände. Er brachte sie mit seinem eigenen Innenleben in Zusammenhang. Zweifellos ließ er sich von diesen Eindrücken in dumpfer und instinktiver Weise sogar in seinen äußeren Bewegungen leiten, doch die Empfindungen waren wie Träume, und sein Gefühl von ihnen war etwas «Subjektives», wie wir heute sagen würden; doch weil sich der Mensch noch in Harmonie mit seiner Umgebung befand, lebte sich diese Subjektivität auf objektive und weise geregelte Art aus. So war es etwa beim aufdämmernden Sehsinn: Kam der Mensch in eine angenehme Seelenumgebung, so erlebte er helle und lichtvolle Farbenbilder; wurde seine Seele dagegen von irgendeinem unangenehmen Eindruck verletzt, sah er dunkle und düstere Farben.

Die Sinnesempfindung als eine innere Reflexion, eine Art Spiegelbild der Außenwelt, konnte erst auf einer viel späteren Entwicklungsstufe entstehen, als das höhere Nervensystem und das Gehirn bereits zum Organ des Denkens ausgebildet waren. Und auf dieser späteren Stufe fand auch eine weitere und in bestimmten Richtungen sehr einschneidende Entwicklung der Sinnesorgane statt. Doch immer noch mußte eine lange Zeit vergehen, bis die Sinnesorgane dem «Gegenstands-Bewußtsein» dienen konnten, das wir heute kennen und das klare Schatten-Bilder der Außenwelt entstehen läßt.

Dieser Evolution des menschlichen Innenlebens kommen wir auf die Spur, wenn wir den gesamten Umfang der vierten großen Erdenepoche ins Auge fassen: *Atlantis*. In den späten lemurischen Zeiten sehen wir die Vorbereitung, in den frühen atlantischen Zeiten die Frucht. Atlantis war, grob gesagt, die Zeit, in der die menschliche Gestalt vervollkommnet wurde. Um die Mitte der atlantischen Zeit herum hatten die «Geister der Form» ihr Werk vollendet. Und mit der Vollendung der menschlichen Gestalt kamen auch die Elemente und Reiche der Erde zu einer relativen Ruhe. Die monströsen Saurier starben aus, die vulkanischen Feuer Lemurias legten sich. Zusammen mit den unbetretenen Pflanzensümpfen und den Urwäldern machten sie feineren und maßvolleren Formen Platz: den höheren Tieren und Pflanzen, den kristallinen und festen Mineralien, so wie wir sie heute kennen.

Als die menschliche Gestalt vollkommen oder fast vollkommen war, konnten die innersten seelischen und geistigen Fähigkeiten die für sie bestimmte Entwicklung durchmachen. Und nun können wir, auf der Grundlage des bisher Gesagten, bis zu einem gewissen Grade verstehen, wie sich die *Erinnerungsfähigkeit* entwickelt hat und worin ihr Wesen besteht. Die Atlantier, und besonders die frühen Atlantier, hatten nach Rudolf Steiner ein ungeheures Gedächtnis. Doch wir würden fehlgehen, wenn wir ihnen unsere heutige Form des registrierenden Informations-Gedächtnisses zuschrieben. Ihre Erinnerungskraft war ein unmittelbarer Ausdruck ihrer inneren ätherischen Lebenskraft, und diese Lebenskraft war mit dem Leben der Umgebung viel unmittelbarer verbunden, als wir uns das heute ohne weiteres vorstellen können. So besaßen sie gerade auf Grund ihrer Gedächtnis-Gabe Macht, magische Macht über die Lebenskräfte der Natur. «Das Gedächtnis», sagt Rudolf Steiner, «steht der tieferen Naturgrundlage des Menschen näher als die Verstandeskraft ... So konnten die Atlantier das beherrschen, was man *Lebenskraft* nennt. Wie man heute aus den Steinkohlen die Kraft der Wärme herausholt, die man in fortbewegende Kraft bei unseren Verkehrsmitteln verwandelt, so verstanden es die Atlantier, die Samenkraft der Lebewesen in ihren technischen Dienst zu stellen.»[4]

Damit berühren wir das tiefere Geheimnis des Gedächtnisses. Wie wir zu Beginn sahen und wie uns die Beobachtung bestätigen kann, ist das Gedächtnis sogar in der abstrakten, schattenhaften Form, in der es uns heute erfreut, mit den Lebens- und Wachstumskräften und mit dem Leben, das wir beim Tode ablegen, verbunden. Doch um dies heutzutage wahrzunehmen, müssen wir auf eine mehr innerliche und psychologische Art beobachten oder auf okkulte Tatsachen Bezug nehmen, denn um eine solche handelt es sich beim Lebenstableau-Erlebnis im Moment des Todes oder einer Todesgefahr.

Die unvoreingenommene Beobachtung wird uns wirklich bestätigen, daß unser Gedächtnis mit unserer Lebenskraft zutiefst verknüpft ist. Doch diese Tatsache liegt nicht auf der Hand; wir müssen mit einer tiefer dringenden Einsicht nach innen schauen. Wir müssen uns zum Beispiel ins Bewußtsein rufen, wie eine langvergessene und unerwarteterweise wieder erwachte Jugend- oder Kindheitserinnerung die Seele manchmal plötzlich mit einer Flut von Dankbarkeit und einer gewissen Stimmung erfüllt, die jeder Mensch gelegentlich erlebt und die wir «poetisches Staunen» nennen können. Wenn wir über solche Augenblicke nachdenken, werden wir feststellen, daß die Dankbarkeit und das Staunen, die wir in einem solchen Moment empfinden, selbst wenn eine leise Traurigkeit darin anklingt, bis in das Physische hinunter zutiefst mit unserem eigenen Leben zusammenhängen. Wir «fühlen uns besser», nicht nur moralisch, auch physisch. Es ist, wie wenn der Lebensborn, aus dem unser gegenwärtiges physisches Dasein entspringt, für einen Augenblick überbordet.

Wenn längst vergessene Erinnerungen aus dem versunkenen Lande des Vergessens auftauchen, kommen wir, sogar in unserem gewöhnlichen Bewußtsein, in nähere Berührung mit dem Lebensleib – dem Zeit-Leib unseres Lebens.

Doch worauf es ankommt, ist, daß wir nach innen schauen müssen, in die intimeren Winkel unseres Innenlebens, um in unserem gegenwärtigen Bewußtseinszustand diesen Zusammenhang von Gedächtnis und Lebenskraft zu entdecken. Wieviele lyrische Poesie beruht doch auf dieser Stimmung! Und es wäre auch gar keine Poesie, wenn die Verwandtschaft, die Versöhnung, die wir in einem solchen Augenblick mit der Welt empfinden, leicht erreichbar oder nur oberflächlich wäre.

Vergleichen wir diesen unseren gegenwärtigen Zustand mit dem atlantischen, so können wir also sagen: *Eine Kraft im Menschen, die einst zwischen ihm und der Welt hin und her geströmt ist und sowohl in der Erkenntnis wie im Handeln die Verbindung zwischen dem Menschen und der Natur herstellte, hat sich heute in sein persönliches Innenleben zurückgezogen. Es ist die Kraft der Erinnerung.* Heute steht sie im Dienste seines Denkens, welches von sich aus, da es nur ein Spiel der Schattenbilder innerhalb des Bewußtseins ist, in der Natur über keinerlei Macht verfügt. Diese Kraft verhilft ihm auch zur Aufrechterhaltung der Kontinuität seiner persönlichen

Erfahrungen, die er als irdisches Ich-Wesen macht. Damit legt sie, in Verbindung mit der Stimme des Gewissens, das unersetzliche Fundament für die moralische Verantwortung.[5] Doch erlebt der Mensch heute die Erinnerungskraft auf eine rein innerliche Weise, ohne sich, normalerweise, ihrer Verbindung mit dem kosmischen Leben oder der einstigen magischen Kraft bewußt zu sein. Es ist seine eigene freie Entscheidung, wenn er sie nun seinen Entschlüssen und Urteilen und der Kontinuität seiner äußeren Handlungen zugrunde legt.

Daß die Kraft der Erinnerung einst magische Macht besaß und den Menschen wirklich mit seiner Umgebung verband, wird uns verständlich, wenn wir ihre intime Beziehung zu einer anderen geistigen Fähigkeit des Menschen in Betracht ziehen, für die wir eine verwirrende Vielfalt von Ausdrücken haben, was zum Teil darauf zurückzuführen ist, daß sie tatsächlich vielfältiger Natur ist und beinahe unmerkbar von einer Metamorphose zur andern übergeht. Ich meine die Fähigkeit des *Vorstellens.* Wir werden auf die Frage der Bezeichnungen sogleich zurückkommen; doch zuerst wollen wir die Vorstellungstätigkeit selbst in ihren vielfältigen Aspekten untersuchen.

Zunächst sind alle *Erinnerungen* offenbar Vorstellungs-Bilder. Damit sind natürlich nicht nur visuelle Bilder gemeint, obwohl diese im gegenwärtigen Bewußtsein des Menschen eine überragende Rolle spielen. Man stelle sich, ohne zu summen, die Eingangspassagen einer musikalischen Komposition, sagen wir, der Tannhäuser-Ouvertüre, vor. Auch in diesem Fall lebt man in Vorstellungen. – Doch Vorstellungen sind nicht immer Erinnerungen. Wir haben auch eine *Vorstellung*, wenn wir mit offenen Augen in die Welt schauen und, was wir sehen, bewußt ins Auge fassen. Deshalb geht auch die *Sinneswahrnehmung* schnell in die Vorstellungsbildung über, wenn sie nicht selbst schon eine solche ist. – Als Drittes haben wir das mehr oder weniger freie Spiel der *Phantasie*, die im Englischen manchmal auch «imagination» genannt wird. Die Vorstellungen der Phantasie sind in der Regel keine wirklichen Erinnerungen; falls sie nur Erinnerungen und weiter nichts wären, hätten sie eben keinen Phantasiegehalt. Fast immer handelt es sich bei ihnen um metamorphosierte Erinnerungen oder, was auf dasselbe hinausläuft, um metamorphosierte Sinneswahrnehmungen, denn jede Erinnerung ist ja auf etwas einmal Erlebtes bezogen oder wird wenigstens durch die Sinneswahrnehmung in uns hervorgerufen.

Obwohl die Phantasie oder Imagination am Schluß dieser Aufzählung steht und dem gesunden Menschenverstand als etwas den anderen beiden Fähigkeiten Untergeordnetes erscheint (da ja ihre eigenen Materialien nur aus dem bestehen, was diese beiden liefern, wie sehr sie auch verfälscht und übertönt sein mögen), steht sie dem Ursprung aller drei Fähigkeiten näher und kann uns bei der Erkenntnis von deren wahrer Grundlage behilflich sein. Sie ist der Zeit nach – in der langen Geschichte und Vorgeschichte der Menschheit – die erste und die Mutter aller drei.

Traumhafte, instinktive Imaginationen längst verflossener Tage werden in Form der bewußten geistigen Imagination wieder auftreten, und das gegenwärtige Michael-Zeitalter ist der Anfang dieses Wiederauftretens. Doch wir müssen nun genauer erklären, was gemeint war, als wir sagten, daß von allen Formen der geistigen Tätigkeit – der Bildung von Vorstellungen in der Erinnerung, im Denken, in der Sinneswahrnehmung sowie im Spiel der Phantasie – die letztgenannte die ursprüngliche und älteste sei, warum die Phantasie der Urquell aller anderen ist.

Von der wunderbaren Erinnerungskraft der frühen Atlantier war bereits die Rede. Doch woher rührten denn ihre Erinnerungen? Bestimmt nicht von Sinneswahrnehmungen, wie wir sie heute haben. Denn zu einer klar umrissenen Sinneswahrnehmung erwachte der Mensch erst viel später – ungefähr während des Übergangs zu den nachatlantischen Zeiten, wie wir aus Rudolf Steiners nun bekannten Erklärungen von Noahs Regenbogen wissen können. Zwar sagt uns Rudolf

Steiner auch, daß das Gedächtnis in der ersten atlantischen Unterrasse, bei den Rmoahals, vor allem auf die lebendigen Sinneseindrücke gerichtet war. Doch aus der Art, wie er fortfährt, entnehmen wir, daß hier etwas ganz anderes gemeint ist als die heutige Art von Sinneswahrnehmung, bei der wir äußere Gegenstände zur Kenntnis nehmen und ins Auge fassen. «Farben, die das Auge gesehen hatte, Töne, die das Ohr gehört hatte, wirkten lange in der Seele nach. Das drückte sich darin aus, daß die Rmoahals *Gefühle* entwickelten, die ihre lemurischen Vorfahren noch nicht kannten. Die Anhänglichkeit zum Beispiel an das, was in der Vergangenheit erlebt worden ist, gehört zu diesen Gefühlen.»[6]

Tatsächlich besaßen die Lemurier, außer den spätesten und fortgeschrittensten, die bereits in die atlantische Zeit hinüberführten, noch kein Gedächtnis. Was sie jedoch entfalteten, und zwar als die unmittelbare Vorläuferin der Erinnerung, war die *Phantasie*; eine lebhafte und gefühlvolle Phantasie. Aus dieser Quelle entwickelte sich das gesamte Vorstellungsleben der Menschheit. Und es ist beachtenswert, daß in dieser Hinsicht die Frauen die Führerinnen und die Inspiratorinnen waren. Lemurische Mädchen erzog man so, daß sie etwa der Macht des Sturmes ausgesetzt wurden, «um seine grausige Schönheit ruhig zu empfinden».[7] Die der Frau eigene, «mit der Natur im Bunde befindliche Einbildungskraft wurde die Grundlage für eine höhere Entwicklung des Vorstellungslebens. Sie nahm sinnig die Kräfte der Natur in sich auf und ließ sie in der Seele nachwirken. Damit bildeten sich die Keime des Gedächtnisses.»[7]

Damit sind wir zum eigentlichen Kern der Frage vorgedrungen. Tief unterhalb unserer heutigen bewußten Beziehung zur Umwelt, die vermittels der physischen Sinne und des Verstandes zustandekommt, gibt es noch ein anderes und viel intimeres Band zwischen uns und dem Universum, zwischen dem Menschen und der Natur, dem Menschen und dem göttlich-geistigen Leben oder der inneren Wirklichkeit der Natur. Vor sehr langer Zeit war dieses intimere Band zwischen Mensch und Welt die wesentliche und in gewissem Sinne sogar die einzige Verbindung. Zu jener Zeit lag sie an der Oberfläche seines Bewußtseinslebens. Das menschliche Bewußtsein war zwar weniger hell und scharf umrissen als heute, doch in seiner Art lebte es in Einheit mit der Umwelt. Deshalb fühlte sich der Mensch nicht getrennt von der Natur. Heute ist diese intimere Einheit übertönt und unterbewußt; doch sie ist immer noch da. Und in der Tat finden wir sie im Leben unseres Ätherleibes; er ist zugleich die Quelle, aus der alle unsere Erinnerungen ins Bewußtsein treten, und das Meer, das alles aufnimmt, was wir vergessen.

3.
Die Wüste des Nicht-Seins

Die einschneidende Veränderung geschah in der atlantischen Zeit – besonders in der spätatlantischen Zeit der Sintflut, der letzten großen Eiszeit. Was bis zu diesem Zeitpunkt mehr an der Oberfläche des menschlichen Lebens gelegen hatte, nämlich die Erinnerung, die Imagination oder Phantasie, das bilder-erzeugende Vorstellungs-Leben des mit der Natur im Bunde stehenden Erkennens und seiner magischen Kraft – all das wurde nun in verborgenere Winkel des Innenlebens zurückgedrängt. Und für den äußeren Verkehr des Menschen mit der Natur drängte sich nun ein anderer Bereich in den Vordergrund seines Lebens und seines Leibes: der *Bereich der Sinne*, die sich aus rudimentären Organen, die aber mit Vitalität und schöpferischer seelischer Phantasie erfüllt waren, immer mehr zu dem physisch registrierenden Sinnes-Apparat entwickelten, wie wir ihn heute kennen. Dabei brachten diese Sinne allmählich die scharfumrissene Form der Wahrnehmungen zustande, wodurch wir die Welt als eine Vielfalt von getrennten, beziehungslosen und außerhalb von uns existierenden Gegenständen sehen, hören und erleben. Parallel dazu wurde das innere Erinnerungsleben, wie auch überhaupt die gesamte vorstellungsbildende Fähigkeit, in den Dienst des Denkens gestellt. Der *Gedanke* im heutigen Sinne des Wortes begann in der 5. atlantischen Unterrasse aufzuleuchten, die den bedeutsamen Namen Ursemiten – ein Sprößling von ihnen ist «Noah» – trägt. Dieses Denken ist schattenhaft, seine Vorstellungen sind nicht mehr in den Kräften der natürlichen Umwelt, sondern nur noch im Menschen-Innern wirksam, wo sie als bloße Schatten aus sich selbst heraus keine Kraft entwickeln. Sollte dieser bleiche Gedanke zu Wirkungskraft kommen, so mußte sie ihm von anderswoher eingeflößt werden. Diese Wirkungskraft liegt nicht mehr in den Gedanken-Bildern selbst, sondern in dem, was sie das denkende Ich offenbaren läßt: im Guten, im Wahren, in den wirkenden Ideen, die der Mensch beim Aufstieg zum reinen Denken erahnen kann. Er umkleidet den reinen Gedanken mit Vorstellungsbildern, doch sein realer Inhalt ist unvorstellbar oder aber auf äußere Gegenstände bezogen, die von nun an als bloß materielle Gegenstände aufgefaßt werden. So ist das Band zwischen Mensch und Natur auf der Oberfläche des Bewußtseins allem Anschein nach zerrissen, denn was zwischen den beiden Elementen noch vermittelt – der physische Sinnesapparat und der Intellekt –, ist nicht dazu geeignet, irgendein lebendiges Band zu schaffen. Der Mensch verbringt sein bewußtes Leben in kraftlosen Gedanken-Schatten und in Sinnes-Bildern, die kommen und gehen – vorübergehend und seinsentleert.

Unter diesem Oberflächen-Bewußtsein, unterhalb dieses Bereichs der Schatten-Bilder, dieser *Seinsleere*, in der der Mensch früher oder später realisiert, daß er als ein *Wesen* völlig allein ist, lebt aber die ursprüngliche Einheit mit dem Wesen des Kosmos immer noch lebendig fort – nämlich in den verborgenen vitalen Ursprüngen der Erinnerung. In dem «Gedächtnis und Gewissen» betitelten Brief Rudolf Steiners[8] heißt es: «Man kann sagen, in der Gedächtnis-Entfaltung lebt das Göttlich-Geistige in dem wachenden Zustande des Menschen.»

Zugleich mit jeder Sinneswahrnehmung spielt sich im unbewußten, verborgenen Bereich der Lebens- und Wachstumskräfte zwischen der menschlichen Seele und der Außenwelt noch ein anderer Vorgang ab. Im Gegensatz zur Sinneswahrnehmung, die beinahe sogleich verschwindet, wenn wir unsere Augen wegwenden, hinterläßt dieser andere Vorgang einen dauernden und wirklichen Eindruck. Aus diesem Grunde können wir uns an das Gesehene erinnern. Denn im Akt des Erinnerns richten wir die Wahrnehmungsfähigkeit unseres Oberbewußtseins auf diese bleibende Wirkung, die als eine Realität in uns zurückgeblieben ist, geradeso wie wir diese Fähigkeit vorher der ursprünglich von unseren Sinnen wahrgenommenen Realität zuwandten.

Wenn wir fragen, wo im Menschen sich dieser Bereich eines wirklicheren und vitaleren Austausches zwischen ihm und der Welt befindet, so lautet die Antwort: Er befindet sich im rhythmischen Menschen, genauer, in dem, was sich zwischen dem rhythmischen und dem Nerven-Sinnes-System abspielt.[9] Die Blutzirkulation gelangt auch in die Sinne – und zwar bei phantasievollen Menschen eher mehr als bei anderen. Und auch der Atmungs-Rhythmus schlägt via Gehirn-Rückenmark-Flüssigkeit in die Sinne herauf. In der Tat beschreibt Rudolf Steiner sogar die Sinneswahrnehmung selbst als einen verfeinerten Atmungs-Vorgang und als einen Vorgang, der sich mehr im Lichtäther als in der Luft abspielt und bei dem homöopathisch verdünnter Kieselerde (SiO_2) eine wesentliche Rolle zukommt, so wie im gewöhnlichen Atmungsprozeß das Kohlendioxyd (CO_2) eine gröbere Rolle spielt. Sinneswahrnehmung als verfeinertes Atmen, als rhythmischer Vorgang! Sie kommt uns allerdings nicht als ein solcher zum Bewußtsein, denn wenn dies der Fall wäre, so wären wir mit dem göttlich-geistigen Leben, das in unsere Erinnerungs-Bildung immer hereinspielt, vertraut. Insofern jede

Sinneswahrnehmung ein lebendiger Rhythmus und ein Atmen im Element des Lichtäthers ist, insofern ist sie in Wirklichkeit Erinnerung im Werdezustand Doch es kommt uns nur das letzte tote Ergebnis dieses lebendigen Vorgangs zum Bewußtsein – nämlich das vorübereilende Schatten-Bild, das er wirft. Und wenn die Erinnerung wieder hervorgerufen wird, sehen wir in unserem Bewußtsein wiederum bloß das Schattenbild, ohne uns seiner lebendigen Quelle im geringsten bewußt zu sein. Diese kommt erst beim nachtodlichen Tableau-Erlebnis zum Vorschein – und dann offenbart sich, daß diese Erinnerungen an das Erdenleben nicht nur uns selbst, sondern auch die Welt etwas angehen. Denn sie gehören einem Bereich an, in welchem wir uns mit der Welt, wohl oder übel, in einer Einheit befinden.

Wir sind nun in der Lage zu verstehen, was oben über den Eingriff Luzifers gesagt wurde. Denn wir haben die innere Kraft des Gedächtnisses als etwas sehr Altes erkannt – nämlich als die verborgenen Reste von Kräften, die einstmals im Überfluß vorhanden waren und auch magische Macht besaßen. Unsere wirren nächtlichen Träume können uns noch immer etwas sagen über diese ursprüngliche Verwandtschaft von Gedächtnis, Phantasie und den natürlichen Lebenskräften.

Luzifers Angriffsziel liegt immer wieder darin, das Verhältnis des Menschen zur Vergangenheit zu verfälschen. Wie Luzifer auf einer oberflächlicheren Ebene vor unseren Augen ein verlockendes und oft verlogenes Bild der «guten alten Zeit» hinzaubert, so strebt er auf einer tieferen und zeitlich unermeßlich weit zurückreichenden Ebene an, unsere ursprünglichen, schöpferischen Gedächtniskräfte wiederherzustellen. Luzifer möchte uns davor bewahren, unser Bewußtseinsleben in bloß vorübergehenden Bildern und substanzlosen Gedankenformen zu verbringen. Er möchte uns einen Teil vom Paradieses-Leben zurückbringen.

Michael widersteht ihm! Michael bewahrt uns die Vergänglichkeit unserer Sinneseindrücke und das schattenähnliche Nichtsein unserer Vorstellungen. Er weiß, daß wir nur dadurch, daß wir diese Verbannung aus dem Reiche des Lebens und des Seins ertragen, bis wir uns die Kraft der von Christus erfüllten Menschheit einverleibt haben, daß wir nur dadurch wahrhaft frei werden können.

Wer ist Michael, der uns seit alten Zeiten zu einem Leben im Exil verdammt, so daß wir in die verlassenen Wüsten des Scheins und Nichtseins verbannt sind? Denn es ist so: In seinem Kopf-Bewußtsein, d.h. im bewußten Teil seines irdischen Seelenlebens, verläßt der Mensch das Reich des Seins, um in die Seinsleere zu stürzen. Wer also ist Michael, der das verursacht hat?

Aus der bisherigen Darstellung der Evolution ergibt

sich mit Deutlichkeit: *Michael ist das Antlitz Jehovas.* In jenen alten Zeiten war Jehova Luzifers göttlicher Widerpart. Er war es, in dessen Namen das typische Gebot ausgesprochen wurde, das den Menschen hieß, die Vorstellungs-Bildung und die Phantasiekräfte seiner Seele zurückzustellen und sich dem abstrakten Denken zuzuwenden: *Du sollst dir kein Bild machen!*

Alle Beschreibungen von den Ursemiten, der 5. atlantischen Unterrasse; von ihren geistigen Nachfahren, den Semiten der nachatlantischen Zeit, den Kindern Abrahams; vom Kampf zwischen Iraniern und Turaniern (in den Vorträgen über das Matthäus-Evangelium); von Abraham selbst; von Manu, der die kleine Menschengruppe erzog, die er aus Atlantis herausführte – alle diese Beschreibungen zeigen, wie der Mensch von Stufe zu Stufe durch die Jahrtausende hindurch allmählich aus dem alten Bild-Erleben in die Wüste, und das will heißen, an einen einsamen Ort, hinausgeführt wird: in die Wüste des abstrakten, intellektuellen Denkens und des physischen Sinnenbewußtseins. Und die göttliche Gestalt, die wir auf diesem langen, unerbittlichen und tragischen Weg als Führer sehen, ist Jehova.

Es wäre dies unbegreiflich, könnten wir nicht auch seine so wunderbar zum Ausdruck kommende und manchmal doch so geheimnisvoll verhüllte andere Qualität empfinden, die *Liebe*, die im Grunde sein Wesen ausmacht. Er und die Fülle der Wesen, die durch ihn arbeiten, die Elohim oder die göttlichen Geister der Form – sie sind die Führer der Menschheit in der Liebe. So nennt sie Rudolf Steiner in wunderbarer sprachlicher Schlichtheit: *Führer der Liebe.* Die Weisheits-Bilder der Menschheit werden eine Zeitlang verdunkelt, so muß es Luzifer, der Licht-Bringer, empfinden. Doch in der Verfinsterung der Weisheit wird ein neuer Keim gelegt, der Keim der Liebe. Er wurde den Zeugungs- und Fortpflanzungsvorgängen, dem durch die Generationen fließenden Blute eingepflanzt. So hatte er zunächst nur einen vorbereitenden, die Zukunft im Spiegelbild vorwegnehmenden Charakter, so wie ja auch Jehova selbst eine Art Spiegelbild des herabsteigenden Christus war. Aus diesem Keim sollte die geistige, von der Christus-Kraft durchdrungene Liebe entstehen, die im reinen Menschen-Ich ihren Quell hat und die jeden Mitmenschen umfaßt.

Die ganze Zeitspanne der Menschheits-Evolution seit Noahs Zeit, deren innerer Charakter als die «alttestamentliche Geschichte» der Menschheit bezeichnet werden kann, wird von diesem Leitmotiv regiert. Obwohl vieles davon erst später auftritt, stellt es dem Wesen nach die geistige Führung der Menschheit durch den Übergang von Atlantis zu den *nachatlantischen Zeiten* dar. Deshalb wird im Okkultismus die fortgeschrittenste atlantische Rasse, aus der heraus sich die nachatlantischen Rassen entwickelten, mit demselben Namen bezeichnet wie die spätere Rasse des «vom Herrn auserwählten Volkes»: semitisch. Auf der einen Seite hat sich nun das logische Denken, gleichsam das «Einmaleins» entwickelt; Abraham wird der Vater der Arithmetik. Die Phantasiekraft wird den Heiden überlassen, bei denen sie – mit bedeutenden Ausnahmen wie etwa in der Kultur der alten Griechen – in falschen luziferischen Formen in die Dekadenz gerät. Andererseits wird die Aufmerksamkeit vorwiegend auf den Bereich der Zeugung gerichtet und diese selbst immer als das spezielle Vorrecht Jehovas, des Herrn, betrachtet. Der Zeugungsvorgang wird mit zahllosen Riten geschützt, und auf jeden von ihnen folgt, wie in der Bibel zu lesen ist, die ernste, wiederkehrende Mahnung: «Ich bin der Herr.»

Die große Polarität zwischen Sinneswahrnehmung und Fortpflanzung, die wir in der hyperboräischen und der frühen lemurischen Zeit haben entstehen sehen, erreicht ihre größte Spannweite. Das menschliche Gehirn, das Organ, welches aus den dank der Spaltung der Menschheit in männliches und weibliches Geschlecht eingesparten Kräften gebildet wurde, gelangt nun zu einem Höhepunkt seiner Tätigkeit. Als Organ des irdischen Denkens dient es dem Menschen sowohl zu seinen höchsten wie auch zu seinen niedrigsten Absichten:

zur göttlichen Philosophie, die «den Herrn, unseren Gott, im Geist und in der Wahrheit erkennen» will, aber auch zu jeder irdischen Klugheit und Schlauheit, zu verschlagener Berechnung, zur Übervorteilung der Mitmenschen. So wird der Mensch zum Guten oder Bösen frei im Gedanken. Zu gleicher Zeit steigt er am anderen Ende des Pols, da, wo Männliches und Weibliches innerhalb von Familie und Generation wirksam sind, noch tiefer zur Erde herab und lernt in zunehmendem Maße seine Verwandten und Angehörigen lieben, so daß er auch die Bitterkeit des Todes und allen Verlustes kennenlernt. In seiner Hilfsbedürftigkeit lernt er auf Erden sein eigenes Heim finden, und er wird noch für lange Zeit unterwegs sein bis zur Geburt des Mitleids, dem ersten irdischen Sprößling jener geistigen Liebe, aus der eine neue Weisheit entspringt. Es ist von unsagbar tiefer Bedeutung, daß dieser ganze geschichtliche Strom, also die geistige Führung von der atlantischen zur nachatlantischen Zeit, einen so offensichtlich patriarchalischen Charakter trug. Im Alten Testament ist es beinahe selbstverständlich: Männer sind die Führer, Männer die Hauptinstrumente der göttlichen Verordnungen. Es ist das gerade Gegenteil davon, wie es im Übergang von Lemuria zu Atlantis war. Wie wir gesehen haben, waren in den früheren Stufen unserer Entwicklung Frauen die Führerinnen, aus einem tiefen Grunde. Worauf es damals ankam, war die Phantasie, aus der sich das Gedächtnis und die übrigen geistigen Fähigkeiten herausentwickelten. Phantasie stellt im wesentlichen das weibliche Element im Kosmos dar. Das männliche dagegen verleiht Exaktheit, Sachlichkeit, klare Definition der Form. Dieses männliche Element wurde vorherrschend, als die Phantasie und mit ihr auch das Gedächtnis in das geheime Innenleben zurückgedrängt werden mußten, während im Oberbewußtsein der berechnende Verstand und die scharf konturierte Sinneswahrnehmung in den Vordergrund traten.

Heute verläuft die Veränderung in der umgekehrten Richtung. Wir sind aufgefordert, uns wieder zur Imagination zu erheben. Das alte Gebot «Du sollst dir kein Bild machen» wird umgekehrt. Denn das Neue Testament findet seine Erfüllung. Die Donner-Wolke und der wütende Sturm wichen der stillen Stimme; Jehovas Zorn verwandelte sich in die Liebe des Christus. Nun kann die Phantasie im Lichte des Christus wiedergeboren werden. Denn der Mensch hat in der Wüste des Nichtseins seine Lektion gelernt: Er hat sich selbst gefunden. Das luziferische Weisheits-Licht, das ihn vor der Niedrigkeit der irdischen Liebe zurückgehalten hätte, wurde von den Göttern eine Zeitlang verdunkelt. Nun müssen sie es nicht mehr weiter verfinstern, denn der Keim ist gepflanzt worden. Im finsteren Erdental und Angesicht zu Angesicht mit dem Tod hat der Mensch das Licht des wahren Ich geschaut.

Das Auferstehungs-Licht ist geboren. Das Innenleben, das Michael-Jehova vor Luzifer behüten mußte, kann nun auferstehen und im Lichte des Christus leuchten. Dieses Auferstehungs-Licht lebt nicht nur in der gesamten Erdenaura; als Keim ist es im Äther-Herzen jedes Menschenwesens vorhanden. Es anzufachen heißt den rosenkreuzerischen Erkenntnisweg betreten – ja bereits das Studium der Anthroposophie selbst, wenn es im richtigen Sinne geschieht, hat diese Bedeutung. *Michael, das Antlitz Christi* – denn das ist er heute –, ist auch der Geist der Zeit und als solcher für jeden Menschen, der den Willen dazu hat, der Lehrer und Erwecker der Geist-Erkenntnis. Und wenn diese Lehre in uns zum Leben ersteht, wird das neue Licht der Imagination geboren. Dann wird dieses von uns allen ausstrahlende Licht zu einem Teil von jenem realen wirklichen Licht, in dem der mit der Erde verbundene Christus als eine schöpferische Kraft in den Kosmos hinausstrahlt. So können wir nun also die Worte verstehen: «Die Christus-Kraft prägt die Menschen-Imagination dem Kosmos ein … Seit der Christus-Impuls mit der Erde lebt, wird der Mensch in seiner selbstbewußten Wesenheit dem Kosmos wieder zurückgegeben.»[1]

4.
Die Seele im Gleichgewicht von Erinnerung und Liebe

Es muß dieses Gleichgewicht einen praktischen Ausdruck finden. Wenn dieser von uns gesuchte tiefe innere Zusammenhang zwischen dem Gedächtnis, der neuen Imagination und der geistigen Liebeskraft tatsächlich besteht, dann muß sich diese Tatsache an Fortschritten auf dem Erkenntnisweg wie auch an vielen Einzelheiten des zeitgenössischen geistigen Lebens der Menschheit zeigen lassen. So ist es in der Tat auch. Wir möchten zuerst auf etwas hinweisen, was die gegenwärtige Stufe der menschlichen Entwicklung ganz allgemein betrifft. Es ist eine Tatsache, daß die vorherrschenden Denkweisen und Lebensformen – in der Wissenschaft, innerhalb der akademischen Gelehrsamkeit sowie auch in unseren sozialen, juristischen und politischen Institutionen – vorwiegend einen männlichen Charakter tragen. Um es in einer groben und vielleicht etwas zu extremen Form auszudrücken: Wir leben in einer von Männern geschaffenen Welt. Daß eine Bruderschaft, welche in der westlichen Welt einen ungeheuren gesellschaftlichen Einfluß ausübt, nämlich die Freimaurerei, dem weiblichen Geschlecht die Mitgliedschaft verwehrt, ist symptomatisch. Man realisiert im allgemeinen zu wenig, welche durchgreifende Wirkung diese Tatsache allein auf alle Formen des öffentlichen Lebens gehabt hat, so wie sie sich beispielsweise in England in den letzten drei Jahrhunderten entwickelt haben. Nicht weniger bedeutsam ist der Ausschluß der Frau von der Priesterschaft und dem geistlichen Amt innerhalb der traditionellen Formen der christlichen Kirche.

Der Jehova-Strom mit seiner patriarchalischen Betonung ist bis in unsere Zeit hinein weiter wirksam geblieben, selbst durch das Christentum hindurch. Doch diese Zeit ist vorüber. Gerade die Tatsache, daß ein neues, zu hellsichtiger Einsicht in das Leben führendes Denken kultiviert wird, welches wir als Imagination bezeichnen, gerade diese Tatsache selbst bedeutet auch, daß das wahre weibliche Element innerhalb der Menschheit, aber auch in jedem einzelnen Menschen sich manifestieren wird. Natürlich ist dieses weibliche Element auf geistige Art in jedem Menschen vorhanden; denn der unsterbliche geistige Mensch steht jenseits von männlich-weiblicher Einseitigkeit. Was hier gesagt wird, will in einem innerlichen Sinne verstanden werden, sonst lassen sich aus einer solchen Aussage nur zu leicht närrische und triviale Schlüsse ziehen. Doch ist es auch außerordentlich wichtig für uns, daß wir uns der Tatsache bewußt sind: Die ganze Kultur und die Lebensweise, die aus der Anthroposophie hervorgehen und sich ausdrücken zum Beispiel in der Erziehung, in der sozialen Dreigliederung, in der Medizin und nicht zuletzt im wissenschaftlichen Denken und Forschen, stehen zu den üblichen uns umgebenden Lebensformen gerade deshalb in einem Gegensatz, weil sie das geistige weibliche und männliche Element in ausgeglichener Weise in sich tragen, während sonst das männliche Element auf eine extrem einseitige Weise den Ausschlag gibt. Was hier zur Frage steht, reicht viel tiefer als die äußere Fügung, ob man in einer bestimmten Inkarnation in einem männlichen oder in einem weiblichen Körper lebt.

In der von Goethe dramatisierten griechischen Pandora-Legende wird uns Prometheus neben seinem Bruder Epimetheus vorgestellt. Prometheus und Epimetheus repräsentieren innerhalb der menschlichen Kultur zwei verschiedene Tendenzen. Rudolf Steiner erwähnt sie in seinem Weihnachtskurs für Lehrer als sinnbildliche Figuren.[10] Ich wünschte, jedermann würde dieses goldene Kapitel im Zusammenhang mit unserem Thema lesen. Zu Epimetheus gehört die Gelehrsamkeit des «Nach-Denkens», des Zur-Kenntnis-Nehmens der gegebenen Tatsachen – z .B. der vergangenen Geschichte – als etwas von außen Gegebenem, das mit dem Intellekt registriert und analysiert wird. Prometheus dagegen verfügt über die Gabe der Einsicht durch Phantasie, deshalb kann er in der Gegenwart die Zukunft vorausspüren und vorausgestalten. Nun sagt uns Rudolf Steiner, wie die Liebe der Frau mit der Phantasie, also mit der bildergestaltenden Seelenfähigkeit, verbunden ist. Das weibliche Element innerhalb der Menschheit – und das betrifft auf geistiger Ebene sowohl Jungen wie Mädchen – verlangt nach einer Erziehung und Wissenschaft, die von Prometheus und nicht nur von Epimetheus inspiriert ist. «Wenn Epimetheus weiterhin Rektor ist, wird er nichts anderes als ‹alte Knaben› hervorbringen.»[11]

Die von «Epimetheus» typisch repräsentierte intellektuelle Kultur stützt sich vor allem auf das Gedächtnis und auf schriftliche Dokumente; in der Wissenschaft auf die Sammlung von Daten und Formeln; in der Geschichte auf äußere Fakten und Daten; in der Rechtslehre auf Fälle, Präzedenzfälle und Paragraphen. Man braucht wirklich «ein gutes Gedächtnis», um in diesen Disziplinen ein Examen zu bestehen. Wie weit hat sich diese Art von Gedächtnis doch von seinem in der Ferne nur noch ganz schwach erscheinenden Ursprung entfernt, der schöpferischen Phantasie! Die Gedächtniskräfte haben sich aufgeopfert, man kann sagen, bis zum Tode aufgeopfert, um dem Intellekt zu dienen.

Wir brauchen uns deshalb nicht zu verwundern, wenn auf dem Weg zu höherer Erkenntnis – als Folge der Meditation oder einfach schon des ernsthaften Studiums der Geisteswissenschaft – als eine der ersten die Tatsache auftritt, daß diese mehr mechanische Art von Gedächtnis nachläßt. Das mag gelegentlich unbequem sein, aber es ist natürlich und richtig: Der Geheimschüler wird bemerken, daß in dieser Beziehung sein Gedächtnis schlechter wird, als es früher war. Rudolf Steiner gibt an, was dagegen zu tun ist. Es wird gewiß niemandem schaden, «wenn wir versuchen, für alles das, was uns im Leben angeht, mehr *Interesse* zu entwickeln, tieferes Interesse, mehr Anteil zu entwickeln, als wir das vorher gewohnt waren.»[12] Wir müssen uns mit Gefühl interessieren und nicht einfach gleichgültig bleiben. Auch die Übung der Lebensrückschau – in umgekehrter Zeitenfolge – hat mit diesem Aspekt etwas zu tun.

Außerdem empfiehlt er, daß wir nach der Lektüre eines Romans, der uns beeindruckt hat, die ganze Geschichte, Kapitel um Kapitel, in aller Ruhe in unserem Geist nochmals durchgehen, und zwar vom Ende zum Anfang, und noch einmal bei dem, was uns am tiefsten beeindruckt hat, verweilen. Das automatisch wirksame Gedächtnis, das wir vielleicht bereits verloren haben, wird dann von einem vitaleren ersetzt, das von lebendigem Interesse erfüllt ist und das vor allem einen Bildcharakter hat. Wir schauen gleichsam in die Perspektiven der Zeit zurück und sehen die Ereignisse der Vergangenheit in lebendigen Bildern. «Das Gedächtnis erhält immer mehr einen imaginativen Charakter.»[12]

Können wir hier nicht sehen, wie die Gedächtniskraft sich wieder ihrer lebendigen Quelle nähert, der Imagination, doch in neuer Weise – als Ergebnis der bewußten Anstrengung des erwachten Ich und besonders als Ergebnis eines herzlichen Interesses, das heißt einer echten Liebe für die Umwelt? *Die Geburt des imaginativen Bewußtseins* ist wirklich das von geistiger Liebe geführte Erwecken dessen, was im Menschen so lange geschlummert hat: der verborgenen Lebenskraft, die ihn erschuf und die sich nun wieder ins kosmische Leben erhebt, dem Tode zum Trotz.

Es besteht ein tiefer Zusammenhang zwischen *Gedächtnis* und *Liebe*. Es ist zugleich eine Verwandtschaft und eine Polarität. Wir wollen uns noch einmal zu jenen ersten Anfängen des leiblichen und seelischen Daseins des Menschen auf diesem Planeten zurückversetzen. Das Gedächtnis entstand in der spätlemurischen Zeit aus dem imaginativen, gefühlvollen Erleben der Naturkräfte, vor allem bei den Frauen. Doch wenn wir diese imaginative Seelenfähigkeit noch weiter, sogar bis vor die Geschlechtertrennung in die hyperboräischen und polarischen Zeiten zurückverfolgen, wie zeigt sie sich da? Was ist sie in ihrem ersten Ursprunge? Es ist die jungfräuliche Kraft der Seele, den Leib zu bilden und neuzubilden. Das heißt, die Gedächtniskraft ist ursprünglich nicht von der Zeugungs- und Fortpflanzungskraft zu unterscheiden. Je weiter wir durch die lemurische und hyperboräische in die polarische Zeit zurückschreiten, um so blasser wird die Imagination als bewußte Fähigkeit, bis sie schließlich in der vollständigen Unbewußtheit des Schlafes aufgeht. Doch ihr Charakter bleibt immer noch der gleiche – der einer gestaltenden, schöpferischen Urkraft, die die Seele mit dem Leben verbindet. Sie ist göttlicher Natur, und die erwachende Seele des Urmenschen erlebt sie auch als göttlich und ursprünglich in einer vollkommenen Einheit mit dem eigenen Dasein. Solange diese Einheit besteht, gibt es keine Trennung und keinen Tod. In dieser ursprünglichen Unschuld heißt erkennen lieben und lieben erkennen. Die Erkenntnis- und die Zeugungskräfte der Seele bilden eine Einheit, denn die erste Erkenntnis der Seele ist die in lebendigen Bildern sich eröffnende Einsicht in die göttlich gegebenen Kräfte, mit denen sie den Leib aufbaut.

Darauf folgte, wie wir gesehen haben, eine immer größer werdende Polarisierung bis zur endgültigen

Trennung. Aus der einheitlichen imaginativen und schöpferischen Kraft gingen zwei voneinander getrennte Pole des Menschenwesens hervor: der Erkenntnispol in der Kopf-Natur und der Zeugungs- und Fortpflanzungspol in der Stoffwechsel-Natur des Menschen. Nach der Richtung des Kopfes löste sich die Imagination immer mehr von den Lebensfunktionen los, bis die imaginative Qualität selbst schließlich völlig verlorenging und, wie einem toten Relikt, dem Intellekt Platz machte. Nach der Richtung der Gliedmaßen ging der Zeugung dasjenige, was ihr einst an kosmischem Wissen innegewohnt hatte, verloren, und sie wurde zur dunklen, instinktiven und oftmals chaotischen Wirksamkeit der Seele im Bereich intensiver Begierden. Durch die ernste Stimme Jehovas brachte der «vorchristliche» Christus Ordnung, Gesetzmäßigkeit und Segen in dieses finstere irdische Menschenreich. Es wurde ihm der Keim der Liebe eingepflanzt. Doch gerade so, wie die Relikte der imaginativen Qualität sogar im kalten materialistischen Intellekt noch anzutreffen sind, insofern als ja jeder Gedanke die Bildung eines Vorstellungs-Bildes erfordert, so prägt die Imagination, wenn auch auf tief unbewußte Weise dem Zeugungs- und Fortpflanzungsvorgang noch immer ihr Siegel auf; denn dieser hat einen intensiv plastischen Charakter, der mit den imaginativen Seelenfähigkeiten aufs tiefste zusammenhängt.

Wundervoll in dieser Hinsicht ist, was Rudolf Steiner im bereits erwähnten Vortrag über Erziehung sagt, nämlich wie bei der Frau die Kraft der Liebe – auch der Gatten-, der Sohnes- oder Bruderliebe – immer mit der Ausgestaltung eines Ideal-Bildes verbunden ist. «Die Frau trägt so wie der Mann das volle Menschliche in sich, aber so, daß sie es wie eine Gabe aus dem Außerirdischen ansieht, wie etwas, das im Grunde genommen aus dem Himmlischen herein sich in die Welt ergossen hat. Die Frau sieht die Menschheit so an, daß sie gewissermaßen im Hintergrunde ein Bild hat, wenn auch im Unbewußten, nach dem sie die Menschheit formt ... Bei der Frau geht durchaus die Liebe von der Phantasie aus und ist immer damit verknüpft, ein Bild zu formen. Die Frau liebt ... niemals vollständig bloß einfach den realen Mann, der dasteht im Leben ... es ist immer etwas mehr darinnen, es ist das Bild darinnen, das aus jener Welt heraus ist, die eine Gabe des Himmels ist.»[13]

So ist also die Frau sogar heute noch ihrer einstigen Aufgabe der Idealisierung und der Verfeinerung treu, indem sie auf diese Weise die Kräfte der Imagination ins Leben hineinträgt.

Die Imagination, die in die oft miteinander im Kriege liegenden Pole des menschlichen Wesens auseinandergerissen wurde, doch auf eine solche Weise, daß in jedem der beiden Bereiche immer noch eine Spur von ihr zu finden ist – diese Imagination ist als eine ursprüngliche schöpferische Kraft im Herzen und Zentrum des Menschen, nämlich im rhythmischen Menschen, wenn auch verborgen, immer noch vorhanden. Und weil Michael gerade in dem Teil des Universums lebt, in dem das Rhythmische lebt, werden wir sie uns in diesem neuen Michael-Zeitalter wieder ins Bewußtsein rufen können. Die geistige Imagination, so wie sie von Rudolf Steiner gemeint ist, wird nicht die aus Kopf oder Gliedmaßen oder Lenden, es wird die aus dem menschlichen Herzen geborene Erkenntnis sein. Imagination *ist* jene Weisheit des Herzens, nach der die ganze heutige Menschheit sucht. In ihr werden die Pole von Weisheit und Liebe miteinander harmonisiert und versöhnt.

Die heutige Welt scheint aufgeteilt zu sein in eine Gruppe von Menschen, die den Fortschritt der Menschheit in einer noch weiteren Entwicklung des Intellekts erblickt, und in eine andere Gruppe, die das Heil in den generativen Kräften sucht, die sie in Geschlecht und Nationalität, in der Rasse und im Blut der Generationen dunkel erfassen kann. Keiner dieser Wege wird dem Leben gerecht. Das schöpferische Wort kann nur *zwischen* ihnen gefunden werden, d.h. im menschlichen Herzen, in dem heute die Kräfte des Auferstandenen und des Michael ihre Wirkensstätte finden können. Doch nur der Mensch selbst kann durch seinen guten Willen sein Herz erwecken. Er selbst muß geistig aktiv sein.

Der gesamte von Rudolf Steiner gewiesene Erkenntnisweg besteht in dem Anfachen einer solchen Aktivität. Bei jedem Schritt verlangt er ein fortwährendes Balancieren derjenigen Seelenkräfte, die zum Gedächtnis und Nachdenken hinstreben, mit jenen anderen, die zu Liebe und Selbstaufopferung tendieren. Genau besehen zeigt sich, daß es sich immer darum handelt, Liebeskräfte in die Erkenntnis und Erkenntniskräfte in die Liebe hineinzutragen. In diesem Bereich der Ausgewogenheit zu leben – und dabei kommt niemals ein für immer erreichtes statisches Gleichgewicht in Betracht – ist gerade die schwierige Aufgabe, die der rosenkreuzerische Lebensweg verlangt. Sie erfordert eine Tag für Tag erneute geistige Tätigkeit. Doch in dieser geistigen Tätigkeit findet die Welt uns, und wir finden die Welt. Wir finden die Welt in allen Einzelheiten immer bedeutungsvoller; die Welt findet uns wach. Und in diesem Sich-Finden, das sich zwischen uns und der Welt und niemals allein in unserem introspektiven Ich abspielt, lernen wir den lebendigen Christus kennen.

Wenn die schöpferischen, imaginativen Kräfte der menschlichen Seele auf diese neue Weise zum Leben erstehen, bleiben sie nicht mehr nach innen, sie werden nach außen gerichtet. In längst vergangenen Zeiten schaute die Seele, wie die Götter aus der kosmischen Umgebung hereinwirkten und ihr den menschlichen Leib zur Wohnstatt aufbauten. Heute muß die Seele dadurch zur Imagination aufwachen, daß sie mit aktivem, lebendigem Interesse in die Welt hinausschaut. Dann steigen geistige Bilder viel eher aus der Gemeinschaft der Wesen auf als aus etwas, das im einzelnen Menschenwesen gebildet wird – viel eher etwa aus dem wechselseitigen Vergleichen von verschiedenen Wesen und Phänomenen, wie das Goethe in seiner Naturwissenschaft zu üben begann. Die schöpferischen Kräfte, die wir heute vorfinden, sind nicht so sehr auf den einzelnen Menschen und seine leibliche Manifestation auf der Erde gerichtet. Der einzelne Mensch war im Anfang das Ziel der Götter – und schon vor langer Zeit war er vollendet, bereits um die Mitte der atlantischen Zeit. Diese Kräfte sind heute vielmehr auf die Bildung der Menschheit als eines Ganzen gerichtet – auf den mystischen Leib des Christus. Die Vereinigung der Menschheit, nicht in einem unwirklichen sentimentalen Sinn, sondern im Sinne ihrer eigenen geistigen Kunst und Wissenschaft, dies ist die heutige und die zukünftige Aufgabe. Und in dieser Aufgabe sind die Kräfte der Imagination gerade so wirksam wie einstmals, als sie jeden einzelnen menschlichen Leib herausbildeten; nur daß sie heute von der Erde nach außen hin auf den neuen, noch unsichtbaren, aber im Entstehen begriffenen geistigen Kosmos gerichtet sind, während sie früher vom Kosmos auf die Erde gerichtet waren.

Auf diese Kräfte der Imagination wird in bestimmten von Rudolf Steiner für das Alltagsleben gegebenen Übungen hingewiesen. Was wir noch von der Gedächtniskraft behalten haben, das verwandeln oder das erwecken wir wiederum zum Bilder-Bewußtsein; gleichzeitig führen wir die heute heraufkommende geistige Liebe, die nicht mehr auf Blutsbanden beruht, in die konkrete Wirklichkeit hinein. Wir müssen uns, sagt Rudolf Steiner, in unserer Seele und in unserem Bewußtsein unbedingt Bilder voneinander machen. Wir sollten nicht bloß abstrakte Urteile bilden und einander für mehr oder weniger nette oder anständige oder je nachdem auch ekelhafte Kerle ansehen. (Rudolf Steiner scheut sich nicht, die Sache auf solch eine familiäre Weise auszudrücken, um dadurch die Aufmerksamkeit darauf zu lenken, was «abstrakte Urteile» wirklich sind.) Wir sollten uns die Mühe nehmen, in unseren Herzen von den Menschen, die wir kennen und mit denen wir in unserem Leben zu tun haben, lebendige, differenzierte Bilder aufsteigen zu lassen. Diese Bilder sollten objektiv und voller Interesse und Verständnis sein und keine Tendenz zur Kategorisierung oder Beurteilung in sich tragen. Rudolf Steiner sagt sogar, daß die in

Dornach von ihm geschnitzte Christus-Gruppe – der Menschheitsrepräsentant zwischen den Widersachern – uns dabei führen sollte, von anderen Menschen lebendige Bilder zu gestalten – in individueller und sympathischer Anerkennung. Denn die in der Christus-Gruppe dargestellte Trinität ist in differenzierter Weise in jedem Menschen anzutreffen. «Gerade im sozialen Menschenleben muß die Maxime auftreten: Du sollst dir ein Bild von deinem Mitmenschen machen. Dann aber, wenn wir uns ein Bild von unseren Mitmenschen machen, dann bereichern wir unser Seelenleben; dann übergeben wir mit jeder menschlichen Bekanntschaft unserem inneren Seelenleben einen Schatz. Dann leben wir nicht mehr der A da, der B da, der C da, sondern dann lebt der A, B und C in dem D, der A, B, D in dem C, der C, D, E in dem A, und so weiter. Wir gewinnen die Möglichkeit, daß in uns die anderen Menschen leben. Wenn wir uns ein Bild von dem andern machen, das als Schatz unserer Seele eingepflanzt wird, dann tragen wir auf seelischem Gebiete etwas von ihm herum, wie wir von dem leiblichen Bruder etwas herumtragen durch das Blut. An die Stelle der bloßen Blutsverwandtschaft muß auf diese konkrete Weise die Wahlverwandtschaft treten.»[14]

Hier haben wir also ein keimhaftes Bild davon, wie die Kräfte der Imagination wirklich jenen größeren

Leib der Menschheit erschaffen, mit welchem der Auferstandene auf seinem Weg in die kosmische Zukunft leben wird.

Wenn wir uns vorstellen, was es heißt, in unseren Seelen von den Männern und Frauen, mit denen wir in unseren verschiedenen Lebensbereichen zu tun haben, solche Bilder entstehen zu lassen, so werden wir sehen, daß das von uns erfordert, nach einer ziemlich unpersönlichen Richtung hin unsere Erinnerungen, die wir von ihnen haben, zu meditieren Das Bild wird in einer umso wahreren Art aufsteigen, je mehr wir dabei das Persönliche überwinden können.

Jemand mag ein bequemer oder unbequemer Mitmensch oder Mitarbeiter sein; solange ich nur insofern an ihn denke, als er auf mich einwirkt, werde ich nie zu einem wahren Bild von ihm kommen – so warm ich ihn auch schätzen mag oder so gerechtfertigt unter Umständen mein Tadel auch sei. Wir entnehmen hieraus, welch eine ungeheure Hilfe bereits in der Übung liegt, die Geschehnisse des Tages – in zeitlich umgekehrter Folge – bei ruhiger Unvoreingenommenheit nochmals durchzugehen, wobei es vor allem darauf ankommt, daß wir uns, statt der Selbst-Kritik zu erliegen, von den einzelnen Szenen, genau so wie sie waren, *Bilder* machen.

In all diesen Fällen werden aus dem eigentlichen Gedächtnisinhalt selbst allmählich in der Seele Bilder geformt. Und so ist es auch bei unzähligen anderen Übungen auf dem Erkenntnispfad – auch bei solchen, die mehr mit der Natur zu tun haben.

Das Gleichgewicht des Herzens zwischen Liebe und Erkenntnis bedeutet auch, daß wir im Hinblick auf das Gedächtnis die dauernd vorhandene Gefahr des Eigendünkels, wenn nicht des ausgesprochenen Egoismus, überwinden lernen. Die Tendenz mancher, sogar religiös gesinnter Menschen, andauernd in ihren eigenen Erinnerungen zu leben, ist sehr stark. Selbst jenes Gefühl der Dankbarkeit und des stimmungsvollen Staunens, das die Seele manchmal so wohltuend erweitert, kann, falls es sich zu leicht einstellt, dazu verführen, zu sehr in uns selbst und nicht genug mit der Welt zu leben, und das heißt, jeden Tag neu zu leben. Wir sollten auch das Folgende bedenken und in seinem inneren Grund verstehen: Wenn die Erinnerungen in dieser lebendigen Weise auftauchen, so enthüllen sie, wie wir gesehen haben, etwas von ihrem Zusammenhang mit den Lebenskräften, die unsere gegenwärtige Inkarnation aufgebaut haben. Sie sind somit mit unserem eigenen individuellen Leben aufs tiefste vereinigt – sogar noch mit jenem Element, das uns ein Sonderdasein führen läßt. Dies ist für unser Leben ein notwendiges Element, denn wir könnten uns ohne es nicht als Individuen entwickeln. Doch es gibt auch noch ein anderes

Element: das der Ausdehnung, des Aus-uns-Herausgehens, das frische und selbstvergessene Eingehen auf das Leben unserer Umwelt. Mit anderen Worten, es ist wiederum das wesentliche Element der Liebe. Von diesem Aspekt aus beleuchtet, sehen wir im menschlichen Leben auch in bezug auf Gedächtnis und Liebe eine bestimmte Polarität walten. Ohne Erinnerungskräfte hätte der Mensch niemals ein sich unterscheidendes Ich-Wesen werden können und könnte sich als solches auch heute nicht aufrecht erhalten. Wenn er ausschließlich seine eigenen Erinnerungen auslebte, so würde er jedoch zum vollständigen Egoisten.

Wiederum muß, damit das Gleichgewicht hergestellt wird, in jeden Bereich auch der andere hineingetragen werden, was ja auch bei allen von uns erwähnten Übungen der Fall ist. Dankbarkeit, vorausgesetzt, wir lassen sie nicht zu bloßer Sentimentalität verschwimmen, ist im Hinblick auf das Gedächtnis der große Heiler des Egoismus. Vielleicht dürfen wir hier eine andere von Rudolf Steiner angegebene Übung erwähnen, von der er sagt, daß sie uns sehr viel helfen könnte, wenn wir lernen, auch von den Menschen, die wir zum erstenmal treffen, lebendige Bilder zu machen. Wir sollten übungsweise in unsere eigene Kindheit und Jugend oder, falls wir schon älter sind, auch in die späteren Lebensabschnitte zurückschauen, um uns vor unserem geistigen Auge diejenigen Menschen zu vergegenwärtigen, die zur einen oder anderen Zeit in unserem Leben eine Rolle gespielt haben. «Schauen Sie zurück, meine lieben Freunde, in den Verlauf Ihres Lebens, weniger in sich selbst verschlossen und auf das hin, was Sie gerade an Ihrer eigenen werten Person interessiert, sondern vielmehr nach denjenigen Gestalten, die an Sie herangetreten sind, Sie erziehend, sich mit Ihnen befreundend, Sie fördernd, Ihnen vielleicht auch schadend, manchmal in sehr nützlicher Weise schadend. An dem, was da aus grauer Geistestiefe aufsteigt, was zu uns herankommt, wird Ihnen eines aufgehen: wie wenig der Mensch im Grunde genommen Veranlassung dazu hat, sich selber zuzuschreiben, was er geworden ist.»[14]

Wir sollen also auf unsere Leben zurückschauen, statt selbstsüchtig in uns selbst hineinzubrüten. Doch das muß in Liebe und Dankbarkeit geschehen, wenn wir so die Gestalten all jener auftauchen sehen, die zum einen oder anderen Zeitpunkt in unser Leben traten. Das wird uns hinweg helfen von «dem furchtbaren Übel unserer Zeit, das so viele Menschen befällt, von dem Brüten über uns selbst».[14]

So ist die ursprüngliche imaginative Kraft der Seele, die sich sowohl im Gedächtnis wie auch in der Liebe betätigt, in einem doppelten Rhythmus wirksam: der Systole und der Diastole des Innenlebens. Die Quelle dieser

Tätigkeit liegt im rhythmischen Menschen. Sogar physiologisch läßt sich feststellen, daß die erste seelische Tätigkeitstendenz mehr mit dem Kopf und die zweite mehr mit den Gliedmaßen und dem Verdauungs-System, also die eine mehr mit den gestaltenden, verfestigenden Kräften, die andere mehr mit den auflösenden und sich ausdehnenden Kräften zu tun hat. Erreichen wir auf dem Erkenntnispfad dieses Gleichgewicht, so ist das wahre Leben des menschlichen Herzens erreicht.

Dieses irdische Leben des Herzens stellt in sich selbst das mikrokosmische Gegenstück dar zum Leben des Menschen in der geistigen Welt zwischen dem Tod und einer neuen Geburt. Denn auch da lebt er in Wirklichkeit in einer Art Rhythmus. Da gibt es Zeiten, in denen er innerhalb der göttlich-geistigen Wesenheiten sein ganzes eigenes Wesen von ihrer Tätigkeit und ihrem Licht erfüllt erlebt. Demgegenüber gibt es andere Zeiten, in denen er mehr in sich selbst zurückkehrt und alleine lebt. Selbst da haben die Götter das menschliche Leben so eingerichtet, daß er sich selbst finden und sich im Bewußtsein seines eigenen Wesens entwickeln kann. Die irdische Erinnerungsfähigkeit, mit der er sich als ein Ich-Wesen zusammenhält, ist gleichsam ein Echo dieses Zustandes des relativen Alleinseins in der geistigen Welt, während die Liebe – jene schöne Kraft, aus uns selbst herauszugehen und uns verständnisvoll in andere Menschen zu versetzen – ein schwaches Echo des jenseitigen Lebens ist, das wir in intimer Verbindung mit den Hierarchien zugebracht haben.

Dadurch, daß wir zwischen diesen beiden göttlichgegebenen Kräften den rechten Rhythmus herzustellen lernen, werden wir freie Wesen. So hilft uns das Christus-Wesen – hier auf Erden ebenso wie drüben in der geistigen Welt – zum «Seelengleichgewichte, wo die wogenden Welten-Werde-Taten das eigene Ich dem Welten-Ich vereinen».

Anmerkungen und Hinweise

Vom Ursprung des Rosenkreuzertums

1 Nach einem Vortrag, der im Dezember 1927 im Michael-House, Ilkeston, gehalten wurde. Buchveröffentlichung unter dem Titel «The Mysteries of the Rose-Cross». East Grinstead, Sussex, 1955.

2 Selbst solche modernen Denker, die von der Furcht vor dem «Mystizismus» innerhalb der Philosophie sehr bedrängt werden, machen manchmal bedeutsame Zugeständnisse, so z. B. Bertrand Russell in einem Buch über moderne Chemie und Physik: «Die Wissenschaft konnte sich nicht mit der Theorie zufriedengeben, daß es einfach genau achtundachtzig verschiedene Arten von Atomen geben sollte. Wir konnten zur Annahme bewegt werden, daß das Universum aus zwei oder vielleicht aus drei verschiedenen Arten von Dingen aufgebaut ist; wir konnten glauben, daß es aus einer unendlichen Anzahl von verschiedenen Arten von Dingen aufgebaut ist. Doch ein gewisser Instinkt rebelliert gegen die Vorstellung, daß es ausgerechnet aus achtundachtzig verschiedenerlei Dingen bestehen sollte.» (The ABC of Atoms. London 1923, Kap. 2, S. 19.)

3 «Der Orient im Lichte des Okzidents», Vorträge in München, 23. bis 31. August 1909; Rudolf-Steiner-Gesamtausgabe GA 113, 9. Vortrag.

4 Gemäß der buddhistischen Lehre, welche in dieser Beziehung von der Geisteswissenschaft bestätigt wird, stieg der Bodhisattva in seiner letzten Inkarnation im 6. vorchristlichen Jahrhundert als Sakya Mouni (Gautama Buddha) zur Buddha-Würde auf, wonach er sich niemals mehr auf der Erde in einem physischen Leibe verkörpern wird. Doch aus der geistigen Welt spielt er in der Erdenentwicklung noch immer seine Rolle, und seine Impulse sind den auf der Erde lebenden Menschen in verschiedenem Maße zugeströmt.

5 Das Vaterunser, Vortrag vom 28.1.1907, in GA 97.

6 Siehe Anm. 3. – Wer das Buch «Wie erlangt man Erkenntnisse der höheren Welten?» studiert, wird hier auf eine merkwürdige Abweichung stoßen. Die Menschheit mußte auf Erden den Christus – die größte geistige Wesenheit – empfangen, bevor sie ihn vollständig verstehen konnte. Die lebendige Erfahrung des Christus auf Erden mußte seinem Verständnis vorangehen. So war es, als die göttliche Wesenheit auf die Erde zum Menschen herabstieg. Doch in unserer Zeit, in der sich der Mensch mit Hilfe der rosenkreuzerischen Lehre wiederum zur geistigen Welt erheben soll, gilt gerade das umgekehrte Prinzip: Ein klares Verstehen der höheren Welten aufgrund der Geisteswissenschaft muß der tatsächlichen Erfahrung dieser Welten vorangehen.

7 Vortrag in London, 24. April 1922; in GA 211.

8 Vgl. das Kapitel «Gnosis und Anthroposophie» in «Anthroposophische Leitsätze», GA 26.

9 «Die Geheimwissenschaft im Umriß», GA 13. Kapitel «Die Weltentwickelung und der Mensch».

10 Rudolf Steiner: «Die chymische Hochzeit des Christian Rosenkreutz»; in «Philosophie und Anthroposophie», GA 35.

11 Vortrag in Düsseldorf, 17. April 1909; in GA 110.

12 Uranus und Neptun sind erst in einem späteren Zeitpunkt zum Sonnensystem hinzugekommen. Ursprünglich gehören sie nicht zu ihm.

13 «Die Mission einzelner Volksseelen im Zusammenhang mit der germanisch-nordischen Mythologie», Kristiania 1910; GA 121, 6. Vortrag.

14 Günther Wachsmuth hat diese Ergebnisse der Geisteswissenschaft mit den verschiedenen Theorien und Nomenklaturen der physischen Anthropologie in Zusammenhang gebracht.

15 Siehe «Das Lukas-Evangelium», Basel 1909; GA 114. Siehe auch Adolf Arenson: «Geschichte der Kindheit Jesu».

16 Vgl. Albert Steffen: «Eine Weihnachts-Trilogie».

17 Kapitel «Wiederverkörperung des Geistes und Schicksal». Siehe auch den 9. Vortrag von «Exkurse in das Gebiet des Markus-Evangeliums», Berlin 1911; GA 124.

18 Vgl. die Vorträge in Berlin, 22. Dezember 1912 und 1. April 1913; in GA 141.

19 Vgl. «Die geistige Führung des Menschen und der Menschheit», GA 15.

20 Vgl. «Theosophische Moral», in GA 155.

21 Vortrag vom 8. November 1916 in Dornach; in «Kunstgeschichte als Abbild innerer geistiger Impulse»; GA 292.

22 «Theosophie»; «Die Geheimwissenschaft im Umriß»; «Die Erziehung des Kindes» etc.

23 George Adams beschließt diesen Aufsatz mit folgender Bemerkung:

«Als Rudolf Steiners Schüler vor sieben Jahren (d.i. 1921) ihren ersten kühnen Versuch machten, einen esoterischen Impuls in das öffentliche Leben hineinzutragen, wurde in Stuttgart als Organ der Anthroposophie und der Dreigliederungs-Bewegung eine Monatszeitschrift ins Leben gerufen. Sie wurde – mit liebevoller Kürze, wie ein englischer Kritiker (Prof. W. F. Lofthouse, in London Quarterly Review, January 1923) meinte – ‹Die Drei› genannt. Und der erste Vortrags-Zyklus, den Rudolf Steiner zur Veröffentlichung in dieser Zeitschrift redigierte, war der Zyklus 'Der Orient im Lichte des Okzidents', der mit der oben zitierten Offenbarung über die Gründung der Rosenkreuzer-Schule endet. Das ist gewiß nicht ohne Bedeutung. Der Zeitpunkt für eine Erneuerung der Mysterien und für das bewußte Hineinstellen unseres sozialen Lebens in das Licht des esoterischen Christentums ist wirklich eingetreten.»

Die Wirksamkeit des Christus

Dieser Aufsatz ist die Verarbeitung eines Vortrages, der an Pfingsten 1937 auf dem Kongreß der Anthroposophischen Gesellschaft in Holland gehalten wurde. Er erschien unter dem Titel «Christ in the power of memory and the power of love» (Rudolf Steiner Press, London 1938).

Verschiedene Aspekte der geisteswissenschaftlichen Betrachtung des Menschen und der Menschheitsentwicklung, auf die wir auf diesen Seiten eingegangen sind, wird man in den folgenden Werken Rudolf Steiners ausführlich behandelt finden.

Die grundlegende Bedeutung des Gedächtnisses für die Entwicklung des menschlichen Ich findet man in den Anfangskapiteln aller Grundwerke dargestellt – z.B. in der «Theosophie» und in der «Geheimwissenschaft im Umriß». Der Zusammenhang zwischen Gedächtnis und Lebens- und Wachstumskräften wird in den Schriften und den vor Lehrern gehaltenen Vorträgen über Erziehung eingehender behandelt. Man vergleiche die folgende Bibliographie.

Das Buch «Aus der Akasha-Chronik», und in einer weniger umfassenden Weise auch das Kapitel über die Menschheitsentwicklung in der «Geheimwissenschaft», berichtet von den frühen Epochen der irdischen Menschheitsentwicklung, von der Trennung der Geschlechter und der Geburt des Gedankens aus der alten imaginativen Kraft heraus. Sehr wichtig sind in diesem Zusammenhang der 7. und 8. Vortrag aus dem Zyklus «Welt, Erde und Mensch» (Stuttgart, 4. bis 16. August 1908, GA 105). In Hinsicht auf Jehova, Luzifer und den Christus-Impuls siehe den Zyklus «Die Apokalypse des Johannes» (17. bis 30. Juni 1908, GA 104), besonders den 7. Vortrag, sowie die in Kassel gehaltenen Vorträge über das «Johannes-Evangelium» (24. Juni bis 7. Juli 1909, GA 112). Ebenfalls zitiert haben wir aus dem Zyklus «Welche Bedeutung hat die okkulte Entwickelung des Menschen für seine Hüllen und sein Selbst?» (20. bis 29. März 1913, GA 145). Der Hauptteil dieses Aufsatzes basiert vor allem auf Rudolf Steiners «Aus der Akasha-Chronik».

Sehr hilfreich sind in bezug auf die Begriffe von Imagination, Sinneswahrnehmung, Gedächtnis und Gedanke bestimmte Passagen in dem für Wissenschaftler und die Lehrer der Waldorfschule in Stuttgart gegebenen Zyklus «Das Verhältnis der verschiedenen naturwissenschaftlichen Gebiete zur Astronomie» (Stuttgart, 1. bis 18. Januar 1921, GA 323). Über die Metamorphosen des Gedächtnisses, die sich in ferner Vergangenheit abgespielt haben (über seine prähistorischen «lokalisierten» und «rhythmischen» Formen), wird man Wertvolles finden in dem anläßlich der Gründung der Anthroposophischen Gesellschaft zu Weihnachten 1923 gehaltenen Zyklus «Die Weltgeschichte in anthroposophischer Beleuchtung und als Grundlage der Erkenntnis des Menschengeistes» (Dornach, 24. Dezember 1923 bis 1. Januar 1924, GA 233). Erwähnt werden sollte auch der am 2. November 1908 in Berlin gehaltene Vortrag «Das Vergessen» in GA 107. Dem in Dornach gehaltenen Zyklus «Die soziale Grundforderung unserer Zeit – In geänderter Zeitlage» (29. November bis 21. Dezember 1918, GA 186) entnahmen wir die Hinweise auf die Entwicklung der sozialen Imagination, die wir in unserem letzten Kapitel erwähnt haben.

Von den in den letzten Lebensmonaten von Rudolf Steiner geschriebenen Briefen an die Mitglieder (in «Anthroposophische Leitsätze», GA 26) wollen wir neben demjenigen, von dem wir im ersten Kapitel ausgegangen sind («Die Freiheit des Menschen und das Michael-Zeitalter»), noch den wunderbaren Brief «Gedächtnis und Gewissen», der erst eine Woche vor seinem Tode erschien, sowie auch jenen anderen Brief erwähnen, dem Rudolf Steiner den Titel gab: «Wo ist der Mensch als denkendes und sich erinnerndes Wesen?»

1 Die Freiheit des Menschen und das Michael-Zeitalter. In: «Anthroposophische Leitsätze», GA 26.

1a «Die geistige Führung des Menschen und der Menschheit», GA 15, 1. Kapitel.

2 «Aus der Akasha-Chronik, GA 11. Kapitel «Die hyperboräische und die polarische Epoche».

3 A.a.O., Kapitel «Die Trennung der Geschlechter».

4 A.a.O., Kapitel «Unsere atlantischen Vorfahren».

5 Das Gewissen spielt von der Willensseite der Menschennatur in sein Gefühlsleben hinein, genauso wie das von der anderen Seite, vom Gedankenpol aus, das Gedächtnis tut. Die vergangene und die zukünftige Entwicklung des Gewissens ist kein weniger wichtiges Kapitel innerhalb der geistigen Wissenschaft vom Menschen (man vergleiche in dieser Hinsicht den Zyklus «Von Jesus zu Christus», GA 131).

6 «Aus der Akasha-Chronik», Kapitel «Unsere atlantischen Vorfahren».

7 A.a.O., Kapitel «Die lemurische Rasse».

8 In: «Anthroposophische Leitsätze», GA 26.

9 Wir beziehen uns hier auf Rudolf Steiners wohlbekannte funktionelle Unterteilung des dreigegliederten Menschen: 1. Das Kopf- oder Nerven- und Sinnes-System; 2. Das rhythmische oder mittlere System; 3. Das Stoffwechsel- und Gliedmaßen-System.

10 «Die gesunde Entwickelung des Leiblich-Physischen als Grundlage der freien Entfaltung des Seelisch-Geistigen», GA 303; siehe besonders den 13. Vortrag.

11 Nach einem Bericht Albert Steffens über den in Anm. 10 erwähnten Zyklus.

12 «Welche Bedeutung hat die okkulte Entwickelung des Menschen für seine Hüllen – physischen Leib, Ätherleib, Astralleib – und sein Selbst?» Den Haag, 20. bis 29. März 1913, GA 145; 3. Vortrag.

13 Vgl. Anm. 10, 13. Vortrag.

14 «Die soziale Grundforderung unserer Zeit – In geänderter Zeitlage», Vorträge in Dornach, 29. November bis 21. Dezember 1918; GA 186, Vortrag vom 7. Dezember.